처음 배우는
동학 농민 운동과 차별 없는 세상

처음 배우는
동학 농민 운동과 차별 없는 세상

1판 1쇄 발행일 2021년 5월 17일 **1판 2쇄 발행일** 2022년 5월 23일
글·그림 박세영 **펴낸곳** (주)도서출판 북멘토 **펴낸이** 김태완
편집주간 이은아 **편집** 김경란, 조정우 **디자인** 안상준 **마케팅** 이상현, 민지원, 염승연
출판등록 제6-800호(2006. 6. 13.) **주소** 03990 서울시 마포구 월드컵북로6길 69, IK빌딩 3층
전화 02-332-4885 **팩스** 02-6021-4885
bookmentorbooks__   bookmentorbooks   bookmentorbooks@hanmail.net

ⓒ 박세영, 2021

※ 잘못된 책은 바꾸어 드립니다.
※ 이 책은 저작권법에 따라 보호를 받는 저작물이므로 무단 전재와 무단 복제를 금합니다.
  이 책의 전부 또는 일부를 쓰려면 반드시 저작권자와 출판사의 허락을 받아야 합니다.

ISBN 978-89-6319-410-3 73910

인증 유형 공급자 적합성 확인 **제조국명** 대한민국 **사용연령** 8세 이상
KC마크는 이 제품이 공통안전기준에 적합하였음을 의미합니다.
종이에 베이거나 책 모서리에 다치지 않도록 주의하세요.

머리말

우리나라는 모든 국민이 평등한 나라입니다. 하지만 약 130년 전 이 땅에 살던 사람들은 태어날 때 이미 신분이 정해졌어요. 양반은 여러 특권을 누렸지만, 그보다 신분이 낮은 상민과 천민들은 많은 차별을 당하며 살았답니다.

조선 후기에 이르러서는 몇몇 양반 가문이 권력을 손에 쥐고 나랏일을 마음대로 처리했어요. 조정의 신하들은 부패하고, 고을에는 탐관오리가 판을 쳤지요. 이들은 백성들의 것을 빼앗아 자기들 욕심을 채우기 바빴어요. 백성들은 살기가 어려워 굶어 죽을 지경이었는데 말이에요. 또, 바다 건너에서는 여러 강대국들이 세력을 넓히고 있었지요.

동학 농민 운동은 이렇게 어렵고 혼란스러운 시기에 누구나 평등하고 사람답게 사는 세상을 만들고자 백성들이 스스로 일으킨 역사적 사건이에요. 또한 동학 농민군은 조선에 힘을 미치려는 외국 세력을 물리치고자 했어요. 동학 농민군의 자주 정신은 일제 강점기에도 이어져 항일 독립운동의 뿌리가 되기도 했지요.

    이 책에는 동학 농민 운동이 일어났을 때 자신의 길을 선택하고 행동한 여러 아이가 등장합니다. 아버지를 구하려고 고부 봉기에 참여한 동이, 농민군과 함께 황토재 전투를 지켜본 막돌이, 집강소에 찾아가 억울하게 진 빚을 탕감받은 삼봉이, 풍전등화 같은 나라의 앞날을 걱정하던 이령과 연희, 우금치에서 맹렬히 싸우던 두식이와 봉구. 비록 상상의 인물이지만, 동학 농민 운동에 참여한 사람들은 이 아이들처럼 대부분 이름 없는 백성들이었답니다.

    이들이 왜 목숨을 아끼지 않고 싸우기로 선택했는지, 과연 어떤 세상을 꿈꾸었는지 궁금하지 않나요? 이제부터 역사 크리에이터 남달리와 함께 동학 농민 운동의 현장으로 들어가 봐요. 그 속에서 사람은 저마다 다르지만 모두 귀하다는 걸 깨닫는다면, 우리가 만들어 갈 차별 없는 세상을 마음속에 그려 볼 수 있을 거예요.

박세영

차례

머리말 · 4

1장 동학 농민 운동은 어떻게 시작됐을까?

동학 농민 운동이 일어나기 전, 조선은 어떤 상황이었을까? · 12
고통받는 조선 백성들 · 14

이야기로 읽는 생생 역사	고부에서 타오른 횃불 · 16
역사 상식 나누기 ①	고부 농민들은 왜 봉기를 일으켰을까? · 26
역사 인물 탐구하기	녹두 장군 전봉준 · 30
남달리의 역사 수첩	농민들에게 희망을 준 동학 · 32

2장 동학 농민군, 전주성을 점령하다

다시 무기를 든 농민군 · 36
전주성을 점령하다 · 38

이야기로 읽는 생생 역사	황토재의 승리 · 40
역사 상식 나누기 ②	동학 농민군은 왜 전주에서 화약을 맺었을까? · 50
역사 인물 탐구하기	장태 장군 이방언 · 56
남달리의 역사 수첩	동학 농민군이 사용한 무기 · 58
만화	동학의 정신적 지도자 최시형 · 60

3장 동학 농민군, 차별 없는 세상을 꿈꾸다

집강소를 설치하다 • 66

집강소에서 하고자 했던 폐정 개혁 • 68

이야기로 읽는 생생 역사	사람이 곧 하늘인 세상 • 70
역사 상식 나누기 ③	동학 농민군은 어떤 세상을 원했을까? • 80
역사 인물 탐구하기	혁명가 김개남 • 84
남달리의 역사 수첩	동록개의 꿈 원평 집강소 • 86

4장 남접과 북접의 농민군이 연합하다

일본의 수상한 움직임 • 90

남접과 북접 농민군의 만남 • 92

이야기로 읽는 생생 역사	경복궁을 점령한 일본군 • 94
역사 상식 나누기 ④	동아시아를 뒤흔든 동학 농민 운동 • 104
역사 인물 탐구하기	여성 동학 농민군 이소사 • 110
남달리의 역사 수첩	정한론 • 112
만화	적에서 친구로, 김구와 안중근 • 114

5장 동학 농민군, 일본에 맞서 끝까지 싸우다

동학 농민군, 일본에 맞서다 • 120
최후의 전투 • 122

이야기로 읽는 생생 역사	우금치에 묻혀 버린 꿈 • 124
역사 상식 나누기 ⑤	그 후에는 어떻게 되었을까? • 134
역사 인물 탐구하기	수백 명의 목숨을 구한 윤성도 • 138
남달리의 역사 수첩	동학 농민 운동의 발자취를 찾아서 • 140

찾아보기 • 143
사진 출처 • 144

음력 천팔백구십사년 일월 십일

1장
동학 농민 운동은 어떻게 시작됐을까?

1894년, 조선에서 동학 농민 운동이 일어났어요. 잘못된 정치를 뜯어 고치고 모두가 평등한 세상을 만들기 위해 백성들이 일으킨 운동이지요. 동학 농민 운동은 어떻게 일어났는지 알아볼까요?

동학 농민 운동이 일어나기 전, 조선은 어떤 상황이었을까?

이게 강화도 조약 체결문이야.

체결문이 뭐냐옹?

19세기 들어 조선은 나라 안팎으로 어려움에 처해 있었어요. 밖에서는 강대국들이 조선을 제 손아귀에 넣으려고 경쟁을 벌이고 있었고, 안에서는 새로운 문물을 받아들이려는 세력과 반대하는 세력이 팽팽히 맞서 하루도 편할 날이 없었지요.

강화도 조약

1875년, 일본 군함 운요호가 강화도 앞바다에 불법으로 침입했어요. 물러가라는 경고를 듣지 않자 조선의 군인들은 운요호를 쫓아내려 했어요. 하지만 도리어 일본의 신식 무기에 큰 피해를 입었지요.

당장 물러가라!

군사력이 강한 일본과 전쟁을 할 수도 없고….

구로다 기요타카　　　신헌

5개월 뒤, 일본은 조선이 먼저 공격했으니 손해를 물어 내라며 억지를 부렸어요. 조선은 할 수 없이 불평등 조약인 강화도 조약을 맺고 항구를 열었어요(개항).

임오군란

1882년, 고종이 만든 신식 군대 별기군에 비해 차별받던 구식 군대 군인들이 반란을 일으켰어요.

놀란 고종은 흥선 대원군에게 도움을 청했어요. 하지만 왕비 민씨는 이미 물러난 흥선 대원군이 다시 정치하는 걸 바라지 않았어요.

조선에 힘을 뻗칠 기회만 노리던 청나라는 얼른 출동해 구식 군인들이 따르던 흥선 대원군을 청나라로 끌고 가 버렸어요.

한편, 적극적으로 서양 문물을 받아들이자고 주장하던 개화파는 툭하면 청나라에 기대는 민씨 세력이 조선의 발전을 가로막는다고 생각했어요.

갑신정변

그래서 1884년 정변을 계획했어요.

하지만 왕비 민씨의 요청으로 이번에도 청나라 군대가 들어와 개화파를 몰아냈어요.

결국 갑신정변은 3일 만에 실패로 돌아갔고, 그 뒤 조선에서 청나라의 정치 간섭은 더욱 심해졌답니다.

고통받는 조선 백성들

나라가 이렇게 위태롭고 혼란스러운데도 왕과 신하들은 힘을 합쳐 위기를 헤쳐 나갈 생각은 않고 자기 권력 지키기에만 바빴어요. 그럴수록 백성들의 삶은 어려워져 갔지요.

나쁘다옹!

백성을 돌봐야지!

개항 후, 외국 상인들이 세금도 안 내고 싼값에 물건을 파는 바람에 조선 상인들의 피해가 무척 컸어요.

이 면직물이 최고이므니다.

우리 청나라 물건 아주 싸다 해.

일본 상인들은 이렇게 번 돈으로 쌀을 헐값에 사 갔지요.

후훗, 돈 벌기 쉽스므니다.

그 바람에 조선에 쌀이 부족해졌어요.

열심히 농사지었는데 우리 식구 먹을 쌀도 없네….

제 욕심 채우는 데만 급급한 관리들도 백성들의 삶을 어렵게 만들었어요.

하지만 소수의 양반이 나머지 사람들을 지배하던 조선에서 힘없는 백성들은 양반에게 맞설 수가 없었지요.

이때 의지할 곳 없던 백성들의 마음을 사로잡은 것이 새로운 종교, 동학이었어요. 동학은 '사람이 곧 하늘'이라며 누구나 평등하다고 했거든요.

양반들은 신분 질서를 뒤흔드는 동학을 탄압했지만, 동학을 믿는 사람은 늘어 갔어요.

그러던 1893년 겨울, 탐관오리의 횡포에 지칠 대로 지친 동학 교인들이 전라도 고부에 모여들었어요.

고부에서는 과연 무슨 일이 벌어지고 있었을까요?

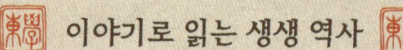 이야기로 읽는 생생 역사

고부에서 타오른 횃불

전라도 고부는 땅이 기름지고 곡식이 많이 나서 살기 좋은 곳이었어요. 그만큼 탐관오리들이 서로 가겠다며 탐내는 곳이기도 했지요. 뇌물을 바치고 고부 군수 자리를 얻은 조병갑은 세금을 많이 뜯어내려고 얼마나 농민들을 못살게 굴었는지, 다른 고을 군수들도 혀를 내두를 정도였어요.

"군수님 명이시다! 농사를 지으면서 만석보의 물을 사용한 자는 누구든지 물세를 내야 한다. 이를 어기면 큰 벌을 내릴 것이다."

새로 지은 보에 물세를 매긴다는 날벼락에 동이네 마을은 아침부터 소란스러웠어요.

농사에는 물이 아주 중요하기 때문에 논에 물을 대기 위해 '보'라는 시설을 지어요. 둑을 쌓아 흐르는 냇물을 막고 그 물을 담아 두는 것이지요. 고부에는 정읍천과 동진강이 맞닿는 곳에 이미 보가 있어 농사짓는 데 아무 문제가 없었어요. 그런데 조병갑이 고부 군수로 온 뒤 멀쩡한 보를 헐고 새 보를 지으라고 했어요. 그러면서 품삯도 주지 않고 마을 사람들을 강제로 불러 일을 시켰지요.

조병갑은 보를 지을 때 첫해에는 물세를 물리지 않겠다고 약속했어요. 그런데 약속을 어기고 엄청난 물세를 내라고 한 거예요. 안 그래도 조병갑은 이웃과 화목하게 지내지 않았다느니 효도하지 않았다느니 하는 말도 안 되는 핑계를 대 가며 백성들에게 세금을 뜯어내고 있었어요. 그런데 자기가 한 말을 뒤집으며 엄청난 물세까지 내라고 하니 농민들은 기가 막힐 수밖에 없었어요.

"아니, 멀쩡한 보를 헐고 새 보를 지으라고 할 때는 언제고, 이제 와서 물세를 내라니요?"

칠호 아저씨 말이 끝나기 무섭게 나졸 하나가 몽둥이를 휘두르며 윽박질렀어요.

"상놈 주제에 어디 감히 관아에서 하는 일에 토를 달아? 또 까불면 전부 옥에 가둬 버릴 테니 다들 조심하라고! 알았어?"

나졸들이 돌아가자 여기저기서 불만이 터졌어요.

"안 그래도 별의별 세금을 다 걷어 가면서 이제 물세까지 내라는 거야? 우리는 뭘 먹고 살라고?"

"백성들은 전부 굶어 죽으라는 건지, 원……."

"정말 해도 해도 너무하네."

사람들은 의논 끝에 세금을 줄여 달라는 내용의 탄원서를 써서 관아에 내기로 했어요. 마을의 훈장님이기도 한 동이 아버지가 대표로 탄원서를 들고 고부 관아로 갔어요. 하지만 어찌 된 일인지 날이 저물도록 동이 아버지는 돌아오지 않았지요.

다음 날, 관아에 갔던 동이 아버지가 곤장을 맞고 옥에 갇혔다는 소식이 들려왔어요. 조병갑은 아무 죄도 없는 동이 아버지를 옥에 가두고는, 풀려나고 싶으면 세금을 더 내라고 억지를 부렸어요.

"아니, 아버지가 무슨 잘못이 있다고 옥에 가둔단 말입니까? 게다가 세금을 더 내라니요? 말이 좋아 세금이지 날강도질이나 다름없지 않습니까?"

동이는 너무 분하고 답답했어요.

"그래도 어쩌겠느냐? 아버지를 구하려면 돈을 가져다 바치는 수밖에 없지 않으냐?"

동이 어머니는 마을 사람들의 도움으로 돈을 구해 부리나케 관아로 달려갔어요. 하지만 조병갑은 더 많은 돈을 가져오라며 호통을 쳤지요. 아무래도 동이 아버지를 풀어 줄 생각이 없는 것 같았어요.

그러던 어느 날이었어요. 새해를 맞아 마을마다 풍물 소리가 요란했어요. 만석보에서 큰 굿이 열린다는 말에 다른 동네에서까지 구경꾼들이 몰려들었지요. 일찌감치 강둑에 자리를 잡은 동이는 기회를 보아 상쇠(농악대에서 꽹과리를 치면서 지휘하는 사람)를 맡은 만수 아저씨에게 아버지 이야기를 할 참이었어요.

'이렇게 많은 사람이 모인 자리에서 아버지에 대해 의논하면 아버지를 구할 방법을 찾을 수 있을 거야.'

한참 동안 신명 나게 굿판을 벌이던 풍물패가 깨갱 갱 딱, 하고 소리를 그쳤어요. 이때다 싶어 만수 아저씨에게 다가가려는데, 갑자기 수염이 덥수룩한 남자가 사람들 앞으로 나서며 말했어요.

"풍물패 덕분에 보에 붙은 잡귀들이 싹 다 도망간 것 같습니다. 수고하셨습니다. 이제 전봉준 접주님께서 나오셔서 여기 모인 분들께 한 말씀 올리겠습니다."

그러자 여기저기서 엄청난 박수가 터져 나왔어요.

"여러분, 보에 붙은 잡귀는 굿을 해서 쫓아내면 그만입니다. 하지만 우리를 진짜 괴롭히는 것은 잡귀가 아닙니다. 우리가 뼈 빠지게 농사를 지어도 쌀밥 한 끼 먹기 힘든 이유가 무엇입니까? 군수 자리에 앉아서 고을 일을 살피기는커녕 어떻게든 백성들의 것을 빼앗으려고만 하는 조병갑 때문이 아닙니까? 여러분, 이제는 우리 힘으로 맞서 싸워야 합니다!"

"옳소!"

떠들썩한 꽹과리 소리와 사람들의 함성이 배들평야를 뒤덮었어요. 동이는 이게 무슨 일인가 싶어 옆에 있는 아저씨에게 물었어요.

"저분은 누구예요?"

"전봉준 접주님을 모른단 말이냐? 고부에서 동학을 믿는 사람들을 이끄는 분이시다."

"동학이라니요?"

"동학은 우리 같은 상민(양반이 아닌 보통 백성)도 양반이랑 똑같은 사람이라고 가르쳐 주는 종교란다. 상민도 행복하게 사는 세상을 우리가 만든다, 이 말이야."

그때 전봉준 접주가 큰 소리로 외쳤어요.

"오늘 밤, 다 같이 고부 관아로 쳐들어갑시다!"

관아로 쳐들어간다니, 동이는 너무 놀라 입이 다물어지지 않았어요. 그런데 갑자기 머릿속에 번뜩 드는 생각이 있었어요.

'마을 어른들을 따라 관아로 가면 아버지를 집으로 모시고 갈 수 있을 거야.'

마음이 조급해진 동이는 보 주변을 눈으로 재빨리 훑어 내려갔어요. 그때 강둑 아래에 있는 만수 아저씨의 상모가 눈에 들어왔어요. 바로 옆에서 칠호 아저씨가 마을 사람들에게 흰 수건을 나눠 주고 있었지요. 동이는 둑 아래로 미끄러지다시피 뛰어 내려가 다짜고짜 말했어요.

"칠호 아저씨, 저도 데려가 주세요. 고부 관아에 쳐들어가면 아버지도 옥에서 풀려나는 거죠? 그렇죠?"

"어이쿠, 깜짝이야! 동이야, 너 지금 이게 무슨 일인 줄이나 알고 따라간다는 거냐?"

당황한 칠호 아저씨 대신 만수 아저씨가 나서서 동이를 말렸어요.

"훈장님은 우리가 알아서 잘 모실 테니 걱정 마라. 너는 더 어두워지기 전에 어서 집으로 돌아가."

"아버지만 모시고 바로 집으로 갈게요. 약속해요, 네? 제발 저도 데려가 주세요."

동이가 좀처럼 결심을 굽히지 않자 칠호 아저씨는 한숨을 내쉬었어요. 그러고는 절대 앞으로 나서지 않겠다는 다짐을 여러 번 받은 뒤에 동이를 무리 제일 끝에 세워 주었지요.

한밤중이 되자 횃불을 앞세운 농민들의 긴 행렬이 시작되었어요. 천치재 아래 마을을 지나갈 무렵, 한 무리의 청년들이 대나무 창을 한 아름 들고 나타났어요. 머리에 흰 천을 두르고, 손에 대나무창까지 든 농민들은 마치 진짜 군대 같았어요. 동이는 농민군과 함께라면 백성들을 괴롭히는 못된 군수 조병갑도 단박에 무찌를 수 있을 것 같아 걸을수록 힘이 솟는 기분이 들었지요.

마침내 농민군이 읍내에 다다랐어요. 맨 앞에 선 사람들은 순식간에 관아로 달려가 나졸들을 꼼짝 못 하게 했어요. 그러고는 관아에 있는 방마다 문을 열어젖히고 숨어 있는 아전들을 모조리 끌어내 옥에 가두었어요. 평소에 나졸들은 가난한 농민들을 짐승만

도 못하게 여기며 툭하면 폭력을 휘둘렀고, 아전들은 군수를 등에 업고 앞장서서 백성들의 재물을 빼앗았거든요. 그래서 이들도 붙잡은 거예요. 나졸들이 잡힌 덕분에 뒤따르던 농민군은 빈집 들어가듯 손쉽게 관아로 들어갔어요.

　농민군은 무기 창고를 열어 무기를 빼앗고, 조병갑이 부당하게 거두어들인 곡식을 농민들에게 골고루 나누어 주었어요. 또, 동이 아버지처럼 억울하게 옥에 갇힌 사람들도 풀어 주었어요.

　"아버지!"

　칠호 아저씨와 함께 옥에서 나오는 아버지를 보자 동이는 눈물이 왈칵 쏟아졌어요.

"아니, 네가 정말 여기까지 따라왔단 말이냐?"

아버지는 믿을 수 없다는 표정으로 동이를 한참 쳐다보았어요.

"훈장님, 제가 뭐랬습니까? 동이 녀석, 벌써 다 컸다니까요."

아까는 동이를 말리던 칠호 아저씨였지만 지금은 무척 대견해하는 표정이었어요. 동이는 얼른 달려가 아버지를 부축했어요.

어느새 날이 밝아 오고 있었어요. 여기저기서 만석보를 허물어 버리자며 몰려가는 사람들이 보였어요. 동이는 그제야 농민들이 고부 관아를 점령했다는 사실이 실감 났지요. 그 모습을 바라보던 동이 마음속에도 양반이든 상민이든 누구나 행복하게 살 수 있는 평등한 세상을 만들고 싶다는 소망이 피어올랐어요.

고부 농민들은 왜 봉기를 일으켰을까?

탐관오리 조병갑의 횡포

만석보 터에 있는 만석보 유지비

조병갑에게 맞서 싸운 고부 농민들의 이야기를 읽고 어떤 느낌이 들었는지 말해 볼까요?

 군수 자리를 돈을 주고 사다니, 정말 충격이에요.

 당시 조선에서는 양반들이 벼슬자리마저 돈을 받고 팔 만큼 부정과 부패가 심했어요. 그러니 지방에는 돈으로 관직을 산 탐관오리가 수두룩했지요.

 조병갑이 또 어떤 짓을 저질렀나요?

 돈을 주고 관직을 샀으니 백성들에게 그만큼 돈을 뜯어내려고 했지요. 말도 안 되는 명목으로 세금을 걷고, 약속도 지키지 않았어요. 묵은 논밭을 갈아 농사를 지으면 세금을 안 받겠다고 하고는 여지없이 세금을 뜯어 갔지요.

 아니, 나랏일 하는 사람이 백성들한테 거짓말해도 되는 거예요?

 그러게 말이에요. 또 세금을 걷을 때는 품질이 좋은 쌀을 받고, 그 세금을 나라에 올릴 때는 질이 떨어지는 쌀을 보내 남은 돈은 자기가 가로채 버렸어요.

 군수가 도둑질까지 하다니! 너무하네.

 듣기만 하는 우리도 이렇게 화가 나는데, 당하는 고부 농민들은 정말 화나고 힘들었을 것 같아요.

고부 봉기를 준비한 동학 지도자들

사발통문

> 농민들은 고부 군수를 찾아가 세금을 줄여 달라고 여러 번 사정했어요.

 하지만 그럴 때마다 쫓겨나고 말았지요. 이런 일에 앞장섰던 사람들은 심한 매질을 당하고 옥에 갇히고 말았어요.

 아무리 조선 시대라도 법과 규칙이 있을 텐데 저렇게 멋대로 횡포를 부리다니!

 동학 지도자들도 도저히 참을 수 없어서 봉기를 결심한 게 아닐까요?

 맞아요. 동학 지도자들은 농민들의 입장을 잘 이해했거든요. 고부 지방의 접주였던 전봉준은 주변 고을 동학 지도자들과 함께 사발통문을 만들고 봉기를 계획했지요.

 사발통문이 뭔데요? 접주는 또 뭐고요?

 사발통문은 밥그릇이나 국그릇으로 쓰는 사발을 엎어 놓고 그 바깥쪽을 따라 둥글게 이름을 쓴 문서예요. 이렇게 하면 누가 대장인지 감출 수 있지요. 또, 동학에서는 일정한 구역을 '접'으로 나누고, 그 지역 우두머리를 접주라고 불렀어요.

 사발통문에 어떤 내용이 쓰여 있었어요?

 고부성을 점령하고 군수 조병갑을 죽일 것, 탐관오리들을 처벌할 것, 무기를 확보해 전주성을 점령한 뒤 서울로 곧바로 올라갈 것 등의 내용이 담겨 있었답니다.

누굴 속이려는 거냐옹.

조선 정부의 대응

동학 농민군에게 발각된 관군

농민들이 관아에 들이닥쳤을 때 조병갑은 이미 도망가고 없었어요.

 아깝다! 조병갑을 놓치다니.

 전라도 관찰사(오늘날 도지사) 김문현에게 달려간 조병갑은 군사를 지원해 달라고 했어요. 김문현은 들어주지 않았지요. 하지만 자기에게 불똥이 튈까 봐 조정에 보고하지 않고 상황을 수습하려고 했어요.

 어떻게요?

 군사들에게 변장을 시켜서 동학 농민군에 숨어 들어가게 한 거예요.

 헉! 그래서요? 전봉준이 잡혔나요?

 아니요. 농민군은 이런 일을 예상하고 팔목에 노끈을 묶기로 약속했거든요. 변장한 관군은 금세 발각되고 말았지요.

 와, 농민군도 꽤 치밀했네요.

 그렇죠? 결국 고부의 소식은 조정에까지 전해졌고, 조병갑을 잡아들여 벌하라는 명령이 떨어졌어요.

 조병갑이 벌을 받긴 하네요.

 다행히 새로 온 군수 박원명은 조병갑과 달랐어요. 무기를 버리고 집으로 돌아가면 지금까지 일을 모두 용서해 주겠다고 약속해 농민들을 놀라게 했지요.

"끝난 게 아니라 다시 시작이다!"

무장에서 다시 모인 동학 농민군

"박원명의 노력으로 마음이 풀어진 농민군은 모두 흩어져 집으로 돌아갔어요."

농민군이 점령했던 무장읍성

 그럼, 이제 다 끝난 건가요?

 아니에요. 조정에서는 고부 군수를 새로 임명하는 것 외에 봉기를 수습할 관리 이용태를 내려 보냈어요. 그런데 이용태가 일을 꾸민 주도자를 찾겠다며 농민들을 마구잡이로 잡아들인 거예요.

 뭐예요? 군수가 이미 용서해 준다고 했는데 왜 또 잡아들여요?

 이용태는 농민군을 도적으로 몰고, 동학을 믿는다고 하면 양반이든 상민이든 가리지 않고 옥에 가두었어요. 심지어 재물을 불태우고 가족을 죽이기도 했지요.

 세상에! 봉기를 일으킨 동학 지도자들은 어떻게 됐어요? 잡혔나요?

 농민군이 흩어진 뒤 잠시 몸을 숨겼던 전봉준은 전라북도 무장으로 가서 다음 일을 계획하고 있었어요.

 우아, 꼭 무슨 일이 일어날지 미리 알고 있었던 것 같아요.

 그렇죠? 이용태의 횡포를 보고 있을 수 없었던 전봉준은 4월 25일 무장에서 수천 명의 농민군과 함께 다시 봉기했답니다.

역사 인물 탐구하기

녹두 장군 전봉준

1893년 가을걷이가 끝난 어느 날, 고부 군수에게 만석보에 대한 물세를 줄여 달라는 탄원서를 내기 위해 100여 명의 농민들이 모였어요. 탄원서 제일 앞에는 전봉준의 아버지 전창혁의 이름이 쓰여 있었어요. 고부 군수 조병갑은 농민들의 말을 들어주기는커녕 이 일에 앞장섰다는 이유로 전창혁을 잡아다 심하게 매질을 했어요. 전창혁은 그 뒤 시름시름 앓다가 그만 세상을 떠나고 말았지요.

몇 달 뒤, 고부군 죽산리에 있는 송두호의 집에 전봉준을 비롯한 동학 지도자들이 하나둘 모여들었어요.

"우리 동학의 기본 사상은 '사람이 곧 하늘이다.'라는 것입니다. 모든 사람이 하늘처럼 존귀하다는 뜻이지요. 하지만 그런 세상이 어찌 저절로 오겠습니까? 양반들이 자기들의 권력을 쉽사리 내주겠습니까? 모든 사람이 평등한 세상은 우리가 직접 만들어야 합니다."

전봉준과 송두호를 시작으로 방 안에 모인 사람들은 둥근 원을 따라 자기 이름을 썼어요. 이들은 조병갑을 죽이고, 나아가 여러 마을이 힘을 합쳐 봉기를 일으키자고 뜻을 모았지요.

어릴 때부터 키가 작아서 별명이 '녹두'였어.

군수님께 올릴 탄원서를 가져왔습니다.

전창혁

그런데 며칠 뒤 뜻밖의 소식이 들렸어요. 조병갑이 익산 군수로 발령을 받아 떠난다는 것이었지요. 잔뜩 벼르고 있던 전봉준은 김이 빠지고 말았어요. 하지만 조병갑은 40일 만에 다시 고부 군수로 돌아왔어요. 물자가 풍부해 세금을 많이 걷을 수 있는 고부를 떠나기 싫어 버티다가 결국 고부 군수로 다시 임명된 거예요. 탐관오리가 떠난 줄만 알았던 농민들의 입장에서는 기가 막힐 노릇이었지요.

조병갑이 돌아왔다!

하지만 전봉준은 드디어 때가 왔다고 생각했어요. 새해를 맞아 마을 사람들이 모두 모여 굿을 하는 날을 골랐지요. 전봉준은 동학 교인들과 함께 풍물패를 설득하고 사람들을 모았어요. 이날 봉기에 참여하기로 한 농민들만 천여 명에 달했지요. 이렇게 오랫동안 준비한 끝에 마침내 고부 봉기의 횃불이 타오른 것이랍니다.

가자!
조병갑을 물리치자!
와아!

남달리의 역사 수첩

농민들에게 희망을 준 동학

사람이 곧 하늘이라며 모든 사람은 평등하다고 주장한 동학. 농민들에게 새로운 희망을 준 동학은 어떻게 탄생했을까요?

조선 후기에 우리나라에 서양의 천주교가 들어왔어요. 하느님 앞에 모두가 평등하다고 믿는 천주교의 사상은 사람들의 마음을 사로잡았지요. 천주교는 중국을 오가는 학자들을 통해 학문으로서 먼저 받아들여졌고, 서양에서 들어왔기 때문에 '서학'이라고 불렸어요.

 천주교는 처음에는 글을 잘 아는 양반들이 믿기 시작했어요. 그러다 점차 억압받고 무시당하던 여성과 상민들에게도 퍼져 나갔지요.

최제우는 양반 중심의 신분 제도를 없애자는 말에는 동의했지만, 천주교가 우리 고유의 전통마저 사라지게 할까 봐 걱정스러웠어요.

우리 전통을 지킬 수 있는 종교가 필요해.

그래서 유교를 바탕으로 불교, 도교, 토속 신앙이 어우러진 새로운 종교 동학을 만들었어요. 동학은 나라를 지키고 백성을 편안하게 한다는 사회 개혁의 성격을 띠고 있었지요.

 천주교를 뜻하는 서학과 다르다는 의미로 '동학'이라고 이름 붙였어요.

동학에서는 누구나 마음속에 한울님을 모실 수 있다고 했어요. 상민이든 양반이든, 여자든 남자든 모두 평등하다고 했지요. 또한 부패한 관리와 왕실을 비판했어요. 그러면서 어두운 시대가 지나고 새로운 세상이 올 것이라고 주장했지요.

이처럼 양반 중심의 신분제를 부정하고 사회를 비판하니 양반과 관리들은 동학이 세상을 어지럽힌다며 탄압했어요. 그럼에도 동학은 시간이 지날수록 백성들 마음속에 더 깊이 뿌리를 내렸답니다.

 동학을 믿다니!

황토재의 승리

음력 천팔백구십사년 사월 칠일

2장
동학 농민군, 전주성을 점령하다

이용태의 횡포가 갈수록 심해지자 그대로 보고 있을 수 없었던 전봉준은 무장으로 가서 다시 농민군을 불러 모았어요.

다시 무기를 든 농민군

함께 싸우자!

전봉준은 더 이상 탐욕스러운 관리들에게 당하지 말고 일어나 함께 싸우자고 사람들에게 호소했어요.

이제 시작이다옹!

우리가 여기 모인 것은 안으로는 나쁜 관리를 없애고, 밖으로는 외국의 적을 쫓아내려는 것입니다!

우리와 뜻을 같이한다면 망설이지 말고 나오십시오. 기회를 놓치면 후회해도 소용없습니다!

와! 와아!

동학 농민군이 일어나자 전라도 지역 곳곳에서 농민들이 모여들었지요.

백산 대회

동학 농민군이 백산에서 모여 전봉준을 대장으로 삼고, 손화중과 김개남을 부대장으로 삼았어요.
(대장: 전봉준, 부대장: 손화중·김개남, 참모: 김덕명·오시영, 영솔장: 최경선, 비서: 송희옥·정백현)

황토재 전투

그 무렵 전라도 전주에서 출동한 천여 명의 관군이 농민군을 치겠다며 몰려왔어요.

농민군은 미리 약속한 대로 관군이 보이면 적당히 싸우다 달아나는 척했어요. 자기들이 싸우기 유리한 곳으로 관군을 꾀어 낸 것이지요. 그날 밤, 황토재에서 방심한 관군을 공격해 큰 승리를 거두었어요.

전주성을 점령하다

농민군은 영광, 장성 등 전라도 남쪽 지역을 차례로 점령했어요.

무섭다옹.

도적이라니!

조정에서는 홍계훈을 양호초토사라는 관직에 임명하고, 조선 최고의 군사를 뽑아 전라도로 급히 보냈어요.

이 도적 떼 같은 동학 놈들, 모조리 없애 버리겠다!

황룡촌 전투
홍계훈이 이끄는 관군은 신식 대포와 서양식 총을 앞세워 동학 농민군을 공격했어요.

탕! 탕!

하지만 농민군은 이에 대비해 만든 장태를 앞세워 장성 황룡촌에서 다시 한번 큰 승리를 거두었지요.

그리고 이 기세를 몰아 전주성까지 점령했어요.

전주 화약

농민군의 활약에 민씨 정권은 깜짝 놀라 청나라에 지원군을 요청했어요. 그러자 일본도 이에 질세라 얼른 조선에 군대를 보냈지요.

이 소식을 들은 전봉준은 눈앞이 캄캄했어요. 외세를 몰아내려고 했는데 도리어 불러들인 셈이 되어 버렸거든요.

우리는 백성들의 피를 빨아먹는 탐관오리에 맞서 싸우는 것인데, 남의 나라 군대를 불러서 자기 백성을 공격하려 하다니…….

결국 동학 농민군은 청나라와 일본 군대가 철수하고, 잘못된 정치를 개혁한다는 조건으로 정부와 화약을 맺었어요.

화목하게 지내자는 약속을….

홍계훈

또 보세!

잘 가게!

이렇게 농민군은 전주성을 점령한 지 열흘 만에 스스로 해산하고, 각자 고향으로 돌아갔답니다.

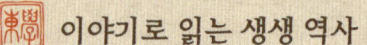 이야기로 읽는 생생 역사

황토재의 승리

농민군은 백산에서 훈련을 거듭하며 점점 군대의 모습을 갖춰 갔어요. 비록 무기는 보잘것없었지만, 농민군의 전략과 기세는 관군의 상상을 뛰어넘었지요. 무엇보다 세상을 바꾸겠다는 농민군의 의지와 열망이 대단했어요.

아침부터 가늘게 흩뿌리던 빗방울은 시간이 지날수록 굵어졌어요. 억쇠 아저씨와 막돌이가 황토재(전라북도 정읍에 있는 고개) 아래 마을에 도착했을 땐 온몸이 흠뻑 젖어 있었지요. 억쇠 아저씨는 옷을 말릴 새도 없이 빈집에 들어가 아궁이에 불을 피우기 시작했어요.

"아저씨, 오늘 관군하고 백산에서 싸우는 거 아니었어요? 우린 왜 황토재로 온 거예요?"

"그건 네가 알아서 뭐 하게? 시간 없으니까 얼른 돕기나 해."

이렇게 말을 퉁명스럽게 해도 막돌이는 억쇠 아저씨가 늘 고마웠어요. 부모가 없는 막돌이는 어릴 때부터 거지 움막을 떠돌며 자랐어요. 그러다 농민군이 있는 곳에 가면 공짜로 밥을 준다는 말에 무작정 움막을 뛰쳐나왔지요. 하지만 농민군은 열세 살밖에 안 된 막돌이를 전쟁터에 데리고 다닐 수는 없다며 돌아가라고 했어요. 그런 농민군을 설득한 게 억쇠 아저씨였어요. 그 뒤로 막돌이는 다리를 다쳐 전투에 나가지 못하는 억쇠 아저씨를 도와 농민군들이 먹을 밥도 짓고, 심부름도 도맡아 했지요.

황토재 오른편에 있는 산봉우리로 주먹밥을 다 나르고 난 뒤 막돌이는 땔나무를 구하러 산꼭대기에 올랐어요. 구름이 잔뜩 낀 하늘이 어느새 어둑어둑해졌지요. 그때 관군과 싸우러 나갔던 농민군 수천 명이 두 패로 나뉘어 황토재를 향해 달려오는 게 보였어요. 그 뒤를 관군이 무섭게 쫓아오고 있었어요.

"이제 다 왔소! 모두 저쪽 산봉우리로 잽싸게 올라가시오!"

최경선 영솔장이 막돌이가 아까 주먹밥을 가져다 둔 산봉우리를 가리켰어요. 무척 다급한 얼굴이었지요. 농민군은 영솔장의 말대로 산비탈을 뛰어 올라갔어요.

"아저씨들, 이쪽이에요! 이쪽이요!"

쫓기는 농민군을 보자 막돌이는 애가 타서 들고 있던 땔나무를 집어던지고, 두 손을 마구 휘저으며 외쳤어요. 그러고는 농민군이

오는 쪽으로 뛰어 내려갔지요.

관군은 온종일 도망만 다니던 농민군이 갑자기 산 위로 올라가 버리자 당황했어요. 무작정 쫓아 올라갈 수도 없고, 이미 날이 어두워져 다른 곳으로 이동하기도 곤란했지요. 관군이 산 아래 황토재에 진을 치는 걸 본 영솔장이 그제야 씩 웃으며 저녁밥을 먹어도 좋다고 했어요.

농민군이 관군에 패하고 도망쳐 온 줄로만 알았던 막돌이는 어리둥절했어요. 그때 농민군이 모여 앉아 주먹밥을 먹으며 이야기하는 소리가 들렸어요.

"종일 제대로 싸워 보지도 않고 이리저리 도망만 칠 땐 도무지 뭐가 뭔지 몰랐는데, 관군이 황토재에 장막을 친 걸 보니 이게 다 전봉준 장군님이 세운 작전인 걸 알겠네."

"작전이요? 그게 무슨 말입니까?"

"기습 말일세. 우리들이 여기서 두 눈 부릅뜨고 있다가 한밤중에 딱 기습을 하면 앞이 보이지 않으니 관군의 양총도 아무 소용이 없다, 이 말이지."

"정말 그렇겠네요. 그런데…… 만약 관군도 우리와 똑같은 생각을 하고 기습을 하러 오면 어떡합니까?"

이야기를 엿듣던 막돌이는 눈이 동그래져 귀를 더 쫑긋 세웠어요. 그때 마침 회의를 마친 각 부대 두령들이 조용히 농민군을 집합시켰어요.

"오늘 밤 농민군은 둘로 나뉘어 움직일 것이오. 한쪽은 관군을 기습하러 가고, 다른 한쪽은 관군의 기습에 대비하여 매복하는 작전이오."

농민군은 명령에 따라 겉옷을 벗어서 허수아비처럼 나뭇가지에 걸어 위장했어요. 그러고는 발소리를 죽여 산 아래로 이동했지요. 막돌이는 겁이 나기도 했지만, 한편으론 앞으로 벌어질 전투를 두 눈으로 직접 보고 싶기도 했어요. 농민군처럼 용감하게 싸우고 싶다는 생각도 들었지요. 몰래 뒤따라갈까 망설이고 있는데, 갑자기 누가 뒤에서 머리를 콱 쥐어박았어요.

"땔나무 구하러 간 녀석이 여기서 뭘 하고 있는 거야? 여긴 위험하니까 빨리 따라와."

억쇠 아저씨는 막돌이를 끌고 다시 산꼭대기로 올라갔어요. 그곳에는 모닥불이 여러 개 타고 있었지요.

"모닥불이 꺼지지 않게 계속 땔나무를 던져라. 그래야 관군이 우리가 계속 여기 있는 줄 알 테니."

"그럼 농민군은 어디서 싸우는데요?"

"어디긴, 저 아래 황토재지. 벌써 몇몇 부대는 관군이 진을 치고 있는 곳으로 기습하러 갔다."

"관군도 똑같은 작전을 펴면 어떻게 해요?"

아까 어떤 농민군이 했던 말이 떠올라 막돌이가 물었어요.

"그래 봤자 소용없을 거다. 산 아래 골짜기마다 농민군이 겹겹으로 기다리고 있으니까. 게다가 관군은 우리 농민만큼 이곳 지리에 밝지 못하지."

그때였어요. '빵!' 하는 총소리에 이어 커다란 징 소리가 울려 퍼졌어요. 농민군은 신호를 듣자마자 관군을 향해 총을 쏘아 댔지요. 어둠을 틈타 농민군을 공격하러 오던 관군은 갑작스런 공격을 받고 혼비백산했어요.

"아악!"

"사람 살려!"

곳곳에서 관군의 고함이 터져 나왔어요.

"에잇, 네놈들이 깔보던 대나무창 맛 좀 봐라!"

농민군은 허둥대며 도망치는 관군들을 대나무창으로 공격했어요. 어떤 관군들은 정신없이 도망가다 산자락 아래 논두렁에 줄줄이 고꾸라지기도 했어요. 한편, 관군 진영에 있던 병사들도 농민군의 기습에 속수무책으로 당하고 말았지요.

밤새 메아리치던 비명이 차츰 잦아들고 새벽이 밝아 왔어요. 들판 여기저기 관군의 시체가 쌓여 있었지요. 농민군은 시체를 치우고 버려진 양총을 모았어요. 이렇게 주운 양총이 수백 자루나 되었어요.

전봉준 장군이 농민군 앞에 섰어요.

"여러분! 우리는 오늘 큰 승리를 거두었습니다. 모두 고생하셨습니다. 하지만 아직 가야 할 길이 멉니다. 한양에서 더 많은 군사들이 내려오고 있습니다. 다들 힘내어 오늘처럼 계속 싸웁시다! 썩어 빠진 관리들을 벌하고, 농민들도 사람답게 사는 세상을 만듭시다!"

장군의 연설을 들으니 막돌이는 점점 가슴이 뜨거워졌어요. 이 기세라면 한양에서 온 관군도 보기 좋게 무찌를 수 있을 것만 같았지요.

"녹두 장군 만세!"

억쇠 아저씨가 막돌이 손을 붙잡고 감격스러운 표정으로 만세를 불렀어요. 그러자 너 나 할 것 없이 다들 만세를 불렀지요.

"농민군 만세!"

어느새 집을 비우고 피해 있던 인근 마을 백성들도 몰려나와 농민군의 승리를 함께 기뻐했어요. 못된 탐관오리를 벌하고 억울하게 옥에 갇힌 사람들을 풀어 주는 농민군은 가는 곳마다 백성들의 환영을 받았지요. 사기가 오를 대로 오른 농민군은 신나게 풍물을 치며 영광으로, 그다음에는 장성으로 진격했어요. 이들이 가는 곳마다 농민군 깃발이 힘차게 펄럭였답니다.

동학 농민군은 왜 전주에서 화약을 맺었을까?

📶 황토재 승리 그 후

황토재 전투에서 농민군이 승리할 때 정말 짜릿하지 않았니? 여기가 바로 황토재 전투가 있었던 곳이래.

나는 황룡촌 전투에서 장태로 관군을 물리친 게 대단한 것 같아. 대나무를 엮어 만든 닭장으로 총알을 막아 내다니 말이야!

승리가 코앞이었던 것 같은데, 전주성을 점령한 다음 왜 서울로 가지 않은 걸까?

나도 그게 궁금하더라.

 그건 홍계훈이 이끄는 관군이 완산에 진을 치고 농민군을 공격했기 때문이었어. 전주성이 훤히 들여다보이는 완산에서 대포로 공격하니 막아 내기 어려웠지. 이때 전주성 안 백성들뿐 아니라 농민군도 꽤 많이 죽고, 전봉준도 큰 부상을 당했대.

그래서 바로 서울로 가지 못했구나.

 게다가 전투가 길어지고 농사철이 다가오면서 부대에서 빠져나가는 농민들이 점점 늘어나는 것도 문제였지.

아니, 전투 중인데 농사지으러 집으로 돌아간다고?

 농사를 짓지 않으면 가족을 먹여 살릴 수 없으니 그런 게 아닐까?

📶 **청나라에 군대를 요청한 조선 정부**

그래도 가장 큰 이유는 외국 군대가 조선 땅에 들어왔기 때문일 거야.

어떻게 자기 나라 백성을 무찔러 달라고 다른 나라 군대를 부를 수 있지?

 그러게 말이야.

전주성이 함락되었다는 소식을 들은 고종은 서둘러 대신 회의를 소집했어. 이때 병조 판서였던 민영준이 청나라에 지원군을 요청하자고 제안했대.

 물론 다른 대신들은 반대했어. 민란은 진압해야 하지만, 그 원인이 탐관오리의 잘못에 있으니 외국 군대를 부르는 건 부끄러운 일이라면서 말이야. 하지만 왕비 민씨가 밀어붙이고, 고종이 동의해 결국 청나라에 군대를 요청하고 말았지.

청나라는 자기들에게 이득이 될 것 같다고 판단해 아산만으로 군대를 보냈어. 그리고 톈진 조약에 따라 일본에 이 사실을 알렸어.

 톈진 조약이 뭔데?

개화파 신하들이 일으킨 갑신정변이 실패로 돌아간 뒤에 청나라와 일본이 맺은 조약이야. 청나라와 일본 군대는 조선에서 동시에 물러나되, 만약 다시 보낼 일이 생기면 상대방 국가에 미리 알려야 한다는 내용이지.

 자기들이 뭔데 남의 나라에 군대를 보내고 말고를 정한담.

📶 인천에 상륙한 일본군

그럼, 이제 일본군도 조선에 들어온 거야?

 응. 일본 공사관과 일본인을 보호하기 위해서라고 했지만, 이참에 청나라 군대를 몰아낼 속셈이었지.
이게 당시 인천항에 상륙한 일본군의 모습이야.

일이 이렇게 되자 동학 농민군은 뒤통수를 맞은 기분이었어. 조정에서도 깜짝 놀라긴 마찬가지였지. 일본이 이렇게 많은 군사를 보낼 줄은 몰랐거든.

 그래서 농민군에게 화약을 청하는 문서를 보냈구나?

화약이라고?

 응. 말하자면 화목하게 지내자고 약속하는 것이지.

아, 고민된다. 조정과 화약을 맺자니 이제껏 싸운 게 물거품이 될 것 같고, 거절하자니 외국 군대가 버티고 있고.

 농민군 지도부에서도 화약에 찬성하는 사람과 반대하는 사람들이 팽팽하게 맞섰어. 화약을 맺더라도 청나라나 일본 군대가 순순히 물러날 리 없다고 생각한 거야.

내 생각도 그래. 일본도 청나라도 조선에 대한 욕심을 쉽게 버리지 못했을 거야.

 맞아. 결국 조선 정부는 청나라를 불러들임으로써 호시탐탐 조선을 노리던 일본까지 끌어들인 셈이 되고 말았지.

📶 **전주 화약**

결국 동학 농민군은 화약을 맺기로 결심했어. 그리고 청나라 군대와 일본 군대가 철수하도록 해 달라고 조정에 요구했지.

또 잘못된 정치를 바로잡기 위한 폐정 개혁안도 제시했어.

폐정 개혁안? 그게 뭔데?

 백성들을 괴롭히고 조선의 발전을 가로막던 잘못된 제도를 고치려고 만든 개혁안이야. 예를 들어 '탐관오리의 잘못을 조사하고 처벌한다, 노비 문서를 불태운다, 높은 이자에 시달리던 농민들의 빚을 없앤다.' 같은 내용이 들어 있었어.

이걸 보면 동학 농민군이 차별적인 신분 제도를 없애고, 누구나 살기 좋은 세상을 만들고 싶어 했다는 걸 잘 알 수 있어.

 그럼 조정에서는 농민군의 요구를 들어주기로 한 거야?

응. 새로 온 전라도 관찰사 김학진은 농민군이 해산하면 폐정 개혁안을 실시하도록 돕겠다고 약속했어.

 하지만 김개남은 전주 화약을 끝까지 반대했어. 이로 인해 전봉준과 사이가 틀어진 김개남은 자기 부대를 이끌고 남원으로 내려가 버렸다고 해.

역사 인물
탐구하기

장태 장군 이방언

황토재 전투에서 승리를 거둔 농민군이 기쁨에 젖어 있을 때, 장흥 접주 이방언은 몇몇 두령들과 함께 발걸음을 재촉하고 있었어요. 서울에서 오는 관군의 양총에 맞설 비밀 무기를 만들기 위해서였지요. 바로 '장태'였어요.

장태는 원래 대나무를 엮어 만든 닭장을 말해요. 이방언은 이것을 크게 만들어 농민군이 장태 뒤에 몸을 숨긴 채로 앞으로 굴려 나갈 수 있게 했어요. 일종의 방패인 셈이지요.

한편, 전남 함평에 있던 동학 농민군은 서울에서 내려온 관군이 곧 영광에 도착한다는 소식을 들었어요. 그러자 전봉준은 농민군이 나주로 간다는 헛소문을 퍼뜨리고, 농민군을 이끌고 재빨리 장성으로 달려갔어요. 그러고는 황룡강 근처 삼봉 아래에 진을 쳤지요.

틀림없이 성공할 겁니다.

이방언

이 사실을 알게 된 양호초토사 홍계훈이 부대장 이학승을 불렀어요. 이학승은 명령에 따라 병사 300명을 데리고 농민군이 있는 황룡강가로 갔지요. 때마침 농민군 수십 명이 장터에서 한가롭게 점심을 먹고 있었어요. 이 모습을 본 이학승은 자기들이 가진 무기만 믿고, 다짜고짜 농민군에게 대포를 쏘아 댔어요. 바로 그때였지요.

"모두 장태 뒤에 붙어 관군이 있는 곳까지 달려가라!"

이방언의 명령에 따라 수백 명의 농민군이 비밀 무기인 장태를 굴리며 관군을 향해 돌진했어요. 장태는 놀랍게도 총알을 튕겨 내 버렸어요. 농민군이 관군의 코앞까지 다가오자 숫자가 적은 관군은 겁을 먹고 도망치기 시작했어요. 장태 덕분에 큰 승리를 거둔 농민들은 이방언에게 '장태 장군'이라는 별명을 붙여 주었답니다.

동학 농민군은 어떤 무기를 들고 싸웠을까요? 아무래도 관아에서 무기를 지급받는 관군에 비해 볼품없는 무기들이었지요. 농민군은 관군처럼 제대로 훈련도 받지 못했고 무기를 살 돈도 별로 없었거든요. 무기가 부족했던 농민군은 관군과의 전투에서 승리하면 관군이 쓰던 대포와 양총 등을 빼앗아 사용했어요.

동학 농민군과 관군, 일본군의 무기를 비교해 보아요.

동학 농민군의 무기

화승총

임진왜란 당시 조선에 들어온 화승총은 총알이 200미터 정도까지 날아갔어요. 한 발 쏘는 데만 30초가 걸렸고, 비 오는 날은 심지가 젖어 사용할 수 없었지요. 하지만 이런 화승총을 가진 농민군도 많지 않았답니다.

대나무창

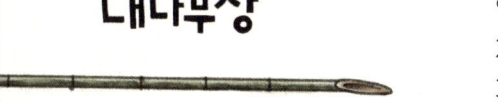

대부분의 농민들은 대나무창을 무기로 사용했어요. 끝을 날카롭게 깎은 다음 기름을 발라 불에 달구어 썼지요.

농기구

대나무창도 없는 농민들은 집에서 쓰던 낫이나 곡괭이 같은 농기구를 들고 나와 싸웠어요.

장태

농민군은 거대한 장태 안에 짚을 채워 앞으로 굴리며 나아갔어요. 장태는 방탄차처럼 총알을 튕겨 내어 농민군을 보호해 주었답니다.

관군과 일본군의 무기

대포

관군이 청나라를 통해 들어온 크루프포는 작고 가벼우면서도 성능이 뛰어났어요.

게틀링 기관총

회선포라고도 하는 이 기관총은 사수가 손잡이를 돌리면 총알 수십 발을 연달아 쏠 수 있었어요.

소총

관군과 일본군이 사용한 소총들이에요.

어려서 고아가 된 최시형은
종이 만드는 일을 하며 가난하게 살았다.

그러다 1861년, 최제우를 만나 동학을 믿기 시작했고,
그의 가르침을 받으며 마음을 닦았다.

시천주 조화정
영세불망 만사지···*

*동학의 가르침을 담아 외는 주문

최제우를 처형하라!

최시형,
부디 나의 뒤를 이어
동학의 가르침을
널리 퍼뜨려 주시오.

하지만 최제우가 동학을 전파한 지
3년 만에 관군에게 붙잡혀 죽임을
당하자 동학은 중심을 잃고
휘청거렸다.

이때 최시형은 관군의 눈을 피해 보따리 하나만 들고
전국을 돌아다니며 동학을 전파했다.

사람들이 선생님을
'최보따리'라고 부르는 걸
아십니까?

하하하,
그렇습니까?

최시형은 사람은 곧 하늘이라는
동학의 가르침을 발전시켜
실천을 강조했다.

사람은 곧 하늘이란
가르침을 실천하며
사십시오.

사람을 한울님처럼 섬기십시오. 여자와 아이들도 한울님을 마음에 모시고 있으므로 함부로 대하거나 때리면 안 됩니다.

그리고 최제우가 지은 글을 모아 책으로 펴내 더 많은 사람들이 동학을 믿도록 힘썼다.

《동경대전》
최제우가 동학의 중요한 가르침을 한문으로 적은 책

《용담유사》
동학을 널리 퍼뜨리기 위해 한글로 지은 가사집. '가사'란 시와 산문의 중간 형태의 문학을 말한다.

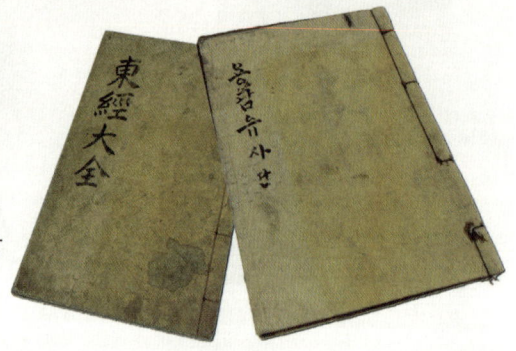

최시형의 노력으로 동학은 이전과는 비교가 안 될 만큼 큰 세력을 이루었고, 이처럼 탄탄한 동학 조직이 있었기에 동학 농민 운동이 일어날 수 있었다.

검결

최제우

때가 왔구나, 때가 왔구나.
다시 오지 않을 그때가 왔구나.
만 년에 한 번 태어나는 장부에게
오만 년 만에 온 때로구나.
날카로운 용천검*을 쓰지 않고 무엇하리
무수장삼** 떨쳐 입고 이 칼 저 칼 넌지시 들고
크고 아득히 넓은 세상에 한 몸으로 서서
칼 노래 한 곡조를 때가 왔다 부르니
용천검 날랜 칼은 어지러운 세상을 걷어 내고
천천히 움직이는 무수장삼은 온 우주를 덮는구나.
세상에 비길 데 없다던 장부는 어디 있나.
진리의 검을 든 대장부 앞에 당할 장사가 없구나.
좋을시고 좋을시고 이내 신명 좋을시고.

*용천검: 전설의 명검 **무수장삼: 춤출 때 입는 소매가 긴 옷

용담유사에 실린 〈검결〉은 '칼 노래'라는 뜻이에요. 이 노래에는 정치적으로 새로운 조선을 꿈꿨던 최제우의 바람이 담겨 있어요. 이런 소망 때문에 최제우는 붙잡혀 목숨을 잃었고, 처음 《용담유사》를 펴냈을 때는 이 노래를 싣지 못했지요. 하지만 동학 농민군은 전투를 치를 때마다 이 노래를 군가처럼 즐겨 불렀답니다.

음력 천팔백구십사년 유월

3장
동학 농민군, 차별 없는 세상을 꿈꾸다

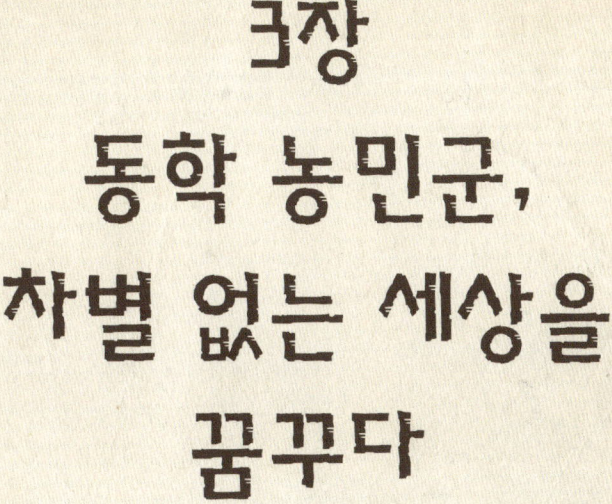

조정과 화약을 맺은 농민들은 당당하게 고향으로 돌아갔어요. 화약에서 약속한 대로 전라도 곳곳에 집강소가 세워졌지요. 집강소는 동학 농민군이 자기 지역을 스스로 다스리는 기관이랍니다.

곧 배울 거야!

집강소가 뭐냐옹?

집강소를 설치하다

고향으로 가자!

새로 온 전라도 관찰사 김학진은 전봉준을 만나 농민군의 이야기에 귀를 기울였어요.

말이 통한다옹.

탐관오리를 벌하고 내쫓은 고을의 백성들이 스스로 마을을 운영하게 해 주시오.

좋소. 이제부터는 농민군과 관리가 협력하여 전라도를 다스립시다.

또한 농민군이 안전하게 돌아갈 방도를 약속해 주시오.

또 농민군이 모두 안전히 돌아가도록 물침표*를 써 주겠소.

전봉준

김학진

*농민군의 신변을 보호하는 일종의 통행 허가증.

집강소에서 하고자 했던 폐정 개혁

집강소를 운영하면서 동학 농민군이 추진하고자 했던 개혁의 내용을 알아볼까요?

잘 보라옹.

1. 백성들을 괴롭히던 관리들의 죄를 밝히고 엄히 다스린다.

2. 백성들에게 횡포를 부린 부자들을 벌한다.

가난한 백성을 괴롭힌 죄!

3. 노비 문서를 불태운다.

4. 천민들의 대우를 개선한다.
(패랭이를 벗기고 갓을 쓰게 함)

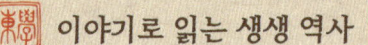
이야기로 읽는 생생 역사

사람이 곧 하늘인 세상

농민들은 집강소에서 노비와 양반이 함께 활동하고, 노비 출신도 농민군의 지도자로 활약하는 것을 보고 눈이 휘둥그레졌어요. 상상도 못 했던 일이 눈앞에서 일어났기 때문이에요. 동학에서 말하는 모두가 평등한 세상이 왔다는 것을 실감할 수 있었지요.

 동이 트자 마을 입구에서 꽹과리 소리가 요란하게 들려왔어요. 두레꾼들을 부르는 소리였지요. 농민들은 농사일이 바쁜 시기에 서로 도우며 함께 일하기 위해 두레라는 모임을 만들었어요. 두레에 속한 사람을 두레꾼이라고 하지요. 오늘은 두레꾼들이 다 같이 삼봉이네 집 논에 모를 심는 날이에요. 하지만 삼봉이는 마음이 무겁기만 했어요.

'열심히 농사를 지으면 뭐 해. 김 대감 댁에서 다 가져가고, 우리 식구들 먹을 쌀은 하나도 안 남을 텐데…….'

삼봉이네 가족은 작년 봄, 농사를 지어 갚기로 하고 김 대감 댁에서 색갈이를 얻었어요. 색갈이는 먹을 것이 부족한 봄에 묵은 곡식을 빌렸다가 가을에 걷어 들인 햇곡식으로 빚을 갚는 것이었지요. 그런데 가을걷이가 끝나자마자 김 대감이 갑자기 이자를 두 배로 올려 버렸지 뭐예요. 애초에 한 약속 같은 것은 내팽개치고 말이에요.

삼봉이 아버지가 그런 법이 어디 있느냐고 사정했지만, 양반 무서운 줄 모른다며 매만 맞고 쫓겨났지요. 빚은 해를 넘기면서 벌써 세 섬(한 섬은 약 180리터)으로 불어나 버렸어요. 빚을 일부라도 갚으려고 했지만, 한꺼번에 갚아야 한다며 받지 않아 이자가 무섭게 불어났지요. 그러니 농사를 열심히 지어 봤자 빚을 갚기에도 빠듯할 터였어요.

오전 내내 모를 심고, 점심밥 먹을 때가 되었어요. 무슨 일인지 밥을 가져온 동네 사람들이 잔뜩 들떠 보였어요.

"소식 들었나? 우리 마을에 집강소가 생겼다네."

"집강소? 그게 뭐 하는 곳인데?

"마을 사람들이 집강을 비롯해 일할 사람들을 직접 뽑아서 폐정개혁을 하는 곳이라더군."

"나도 들었네. 못된 지주들한테 진 빚도 싹 없애 준다고 하던데?"

"빚을 없애 준다고요?"

말없이 밥만 먹던 삼봉이가 깜짝 놀라 되물었어요.

"그렇다니까! 삼봉이 너도 내일 아버지 모시고 집강소에 한번 가 봐라. 집강 나리께 김 대감한테 억울하게 당한 얘기를 하면 아마 잘 해결해 주실 거야."

그날 밤, 삼봉이는 아버지에게 집강소 이야기를 꺼냈어요. 하지

만 아버지는 그 말을 믿으려 하지 않았지요.

"집강소인지 뭔지가 관아랑 다를 게 있겠냐? 우리 같은 상놈 편을 들어 주는 관리는 조선 땅엔 없다."

김 대감 댁에서 봉변을 당한 뒤 다리를 절게 된 아버지는 희망도 다 잃어버린 것 같았어요.

다음 날, 삼봉이는 아버지가 곡식을 빌릴 때 쓴 계약서를 들고 혼자 집강소로 갔어요. 집사에게 계약서를 보여 주고, 그동안 있었던 일을 하나도 빠짐없이 말했어요. 그저 당한 일을 말하기만 했는데도 한결 기분이 후련했지요. 집사는 우선 집에 가 있으면 사정을 알아본 후 연락을 주겠다고 했어요.

일주일 뒤, 삼봉이는 다시 집강소로 불려 갔어요. 그곳에는 이미 김 대감이 와 있었지요. 집강이 엄한 표정으로 김 대감에게 물었어요.

"당신은 작년 봄 삼봉이네 집에 곡식을 한 섬 빌려주었소. 그리고 이자를 더해 가을에 총 한 섬 반을 받기로 했지요. 그런데 가을이 되자 두 섬을 갚으라고 했소. 왜 갑자기 이자를 두 배로 올렸소? 이유를 말해 보시오."

"그게 무슨 뚱딴지같은 소립니까? 저는 처음부터 두 섬을 받기로 했단 말입니다."

"거짓말이에요. 여기 분명히 한 섬 반이라고……."

"네가 뭘 안다고 나서는 게냐? 집강 나리, 못 믿겠으면 여기 계약서를 보십시오."

김 대감이 눈알을 부라리며 삼봉이 말을 툭 자르고는 집강에게 계약서를 들이밀었어요. 삼봉이는 억울했지만 잠자코 지켜볼 수밖에 없었지요.

집강은 계약서를 꼼꼼히 비교해 보더니 성찰을 불러들였어요. 그러고는 무언가 조용히 명을 내리는 듯했지요. 성찰이 밖으로 나가자 집강이 계약서 두 개를 높이 들었어요.

"보시다시피 계약서 두 개가 서로 다르오. 그러니 먼저 어떤 계약서가 진짜인지 밝혀야 누가 거짓말을 하는지 가려낼 수 있을 것이오."

집강의 말대로 두 사람이 가져온 계약서에는 이자가 얼마인지 서로 다르게 적혀 있었어요. 그런데 자세히 보니 삼봉이 아버지의 수장도 조금 달랐지요. 글을 모르는 삼봉이 아버지는 이름을 쓰는 대신 계약서에 손바닥을 대고 손 모양을 그렸어요. 김 대감이 가져온 계약서에 그려진 수장은 둘째 손가락이 넷째 손가락보다 긴 반면, 삼봉이가 가져온 계약서는 반대로 넷째 손가락이 둘째 손가락보다 더 길었어요.

"저건 우리 아버지 손이 아니에요!"

"무슨 소리야? 그럼, 내 계약서가 가짜라는 말이냐?"

삼봉이 말에 김 대감이 큰 소리로 화를 냈어요. 때마침 성찰이

삼봉이 아버지를 데리고 들어왔어요. 집강은 삼봉이 아버지에게 종이에 손바닥을 대고 그려 보라고 했지요. 삼봉이 아버지는 집강이 시키는 대로 했어요.

"자, 이것이 삼봉이 아버지의 수장입니다. 삼봉이가 가져온 계약서와 모양이 똑같습니다. 반면, 김 대감이 가져온 계약서에 있는 수장은 삼봉이 아버지 것과 둘째, 넷째 손가락 길이가 다릅니다. 김 대감의 계약서가 가짜입니다."

영문도 모르고 성찰을 따라온 삼봉이 아버지는 그제야 무슨 상황인지 알아챘어요. 삼봉이는 달려가 아버지를 얼싸안고 함께 기쁨의 눈물을 흘렸지요.

"그대는 높은 이자로 가난한 농민들에게 횡포를 부린 걸로도 모자라 계약서까지 위조했소. 이러고도 벌을 피할 수 있을 거라고 생각했소? 이 자를 옥에 가두시오."

"지, 집강 나리, 무슨 오해가 있었던 게 분명합니다. 누군가 계약서를 바꿔치기해서 저를 골탕 먹인 것이지 결코 제가 일부러 그런 것이 아닙니다."

김 대감이 계속해서 변명을 해 대자 집강의 얼굴이 조금씩 일그러졌어요.

"김 대감! 어째서 아직도 반성할 줄을 모르는 것이오? 성찰, 당장 저 자를 묶어다 곤장 30대를 치시오!"

그 말을 들은 김 대감은 얼굴이 새파래져서 바닥에 털썩 주저앉았어요.

나중에 불려 온 김 대감 댁 종도 대감이 시키는 대로 가짜 계약서에 자기 손바닥을 그려 넣었다고 증언했어요. 결국 김 대감은 꼼짝없이 옥에 갇히고 말았지요.

"네 말대로 집강 나리는 다른 관리들과 다른 것 같다. 다리가 이렇게 되고 집에만 있었더니 세상이 바뀌는 줄도 모르고 살았구나."

모처럼 아버지가 얼굴에 환한 웃음을 지었어요.

"그래서 말인데요 아버지, 저도 모내기가 끝나면 동학에 들어가 동몽이란 걸 하고 싶어요. 동몽이 되면 동학도 배우고, 성찰과 같이 마을을 지키는 일도 할 수 있대요. 옆 마을에는 농민군이 되어 전주성까지 다녀온 동무들도 있더라고요."

잠시 생각에 잠겼던 아버지가 입을 열었어요.

"두레에 들어가 식구들을 먹여 살릴 정도가 되었으니 이제 삼봉이 너도 어른이다. 어쩌면

동학 농민군이 만든다는 새 세상이 참말로 올지도 모르겠구나. 이왕 동학을 믿으려면 온 식구가 함께 믿기로 하자."

아버지가 삼봉이 어깨에 손을 올렸어요. 집으로 돌아가는 삼봉이 발걸음은 그 어느 때보다 가벼웠답니다.

동학 농민군은 어떤 세상을 원했을까?

공평하고 정의로운 나라

김학진과 전봉준이 집강소 설치를 합의한 전라 감영

집강소에서 한 일을 떠올리면서 농민군이 원하는 세상은 어떤 모습이었을지 이야기해 볼까요?

 집강소에서는 김 대감처럼 힘없는 백성들을 괴롭힌 양반과 탐관오리들에게 벌을 주었어요.

 탐관오리를 붙잡은 다음, 죄를 조사해 관직과 재산을 빼앗기도 했고요.

 이전까지 양반들은 나쁜 짓을 하고도 벌을 받기는커녕 떵떵거리고 살았잖아요. 농민들은 정말 속이 후련했을 거예요.

 그리고 농민들은 세금도 공정하게 내기를 바랐어요.

 탐관오리들은 말도 안 되는 이름을 붙여 백성들에게 마구 세금을 뜯어냈는데, 농민군은 이런 잡다한 세금도 모두 없애 달라고 했어요.

 세금을 정해진 대로 공정하게만 거두었어도 농민들이 그렇게 살기 나쁘지 않았을 텐데.

 농민군은 누구든 죄를 지으면 벌을 받고, 원칙이 지켜지는 공정한 세상을 바랐던 것 같아요.

 맞아요. 소수의 양반들만 살기 좋고, 다수의 상민들이 고통받는 나라는 정의로운 나라라고 할 수 없지요.

누구나 평등한 나라

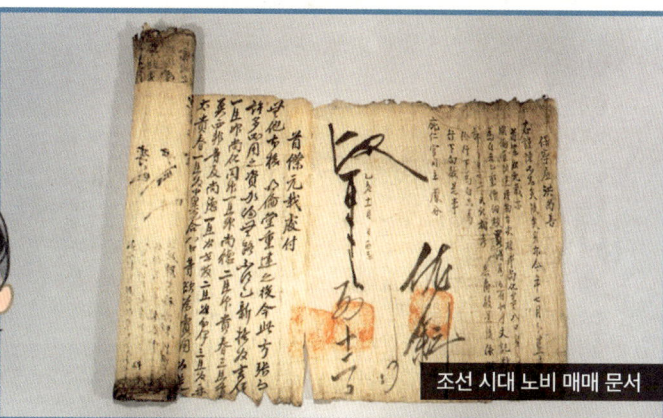

조선 시대 노비 매매 문서

동학 농민군에는 상민 못지않게 천민도 많았어요. 그들이 원했던 건 무엇이었을까요?

 당연히 천민도 천대받지 않는 평등한 세상이겠죠.

 맞아요. 노비나 천민들이 억울한 일을 당해도 하소연할 수 없었던 건 신분이 낮아서였잖아요.

 이런 불평등을 없애려면, 무엇보다 신분 제도가 없어져야 해요.

 저도 그렇게 생각해요. 그래서 농민군이 노비 문서를 불태우고, 천민들이 쓰는 패랭이를 벗기자고 한 거고요.

 동학에서는 천민뿐 아니라 여성의 인권도 존중했어요. 그래서 과부의 재혼을 허용하자고 한 거지요.

 동학에서는 여자든 남자든, 아이든 노인이든, 종이든 양반이든 누구나 접장이라고 부르면서 맞절을 했대요.

 우아, 정말? 사람은 곧 하늘이라는 동학의 가르침이 농민들의 생각을 일깨워 주었나 봐요.

 맞는 말이에요. 농민군은 집강소를 통해 이러한 평등 사상을 직접 실천한 것이랍니다.

이런 거 시험에 나오냐옹?

더불어 살아가는 사회

일. 동학과 정부 사이의 반감을 없애고 정치에 협력한다.
이. 탐관오리의 죄를 조사하여 엄중히 처벌한다.
삼. 횡포한 부자들을 엄중히 처벌한다.
사. 불량한 유림과 양반의 못된 버릇을 징계한다.
오. 노비 문서를 불태워 버린다.
육. 천민의 대우를 개선하고 백정이 쓰는 패랭이를 없앤다.
칠. 젊은 과부의 재혼을 허락한다.
팔. 규정 이외의 잡다한 세금을 거두어들이지 않는다.
구. 관리의 채용은 지체와 문벌을 타파하고 인재를 등용한다.
십. 일본과 몰래 소통하는 자는 엄벌에 처한다.
십일. 공채, 사채를 비롯 농민이 진 빚은 모두 무효로 한다.
십이. 토지는 골고루 나누어 경작하게 한다.

폐정 개혁안 12개조

농민군이 폐정 개혁안에서 빚을 없애 달라고 한 이유는 무엇이었을까요?

 부자들이 터무니없이 높은 이자를 받았기 때문이 아니었을까요? 삼봉이네처럼 억울하게 빚을 진 농민들이 한둘이 아니었을 것 같아요.

또, 나라에서 빌려주는 환곡도 이자가 너무 높아서 농민들을 힘들게 했대요.

 그런데 농민들이 높은 이자에도 불구하고 곡식을 빌릴 수밖에 없었던 건, 그만큼 굶주렸기 때문이었어요. 가장 힘없고 가난한 백성이 가장 먼저 수탈의 대상이 된 것이지요.

 오늘날로 보면 복지 혜택을 받아야 하는 어려운 사람들을 나라에서조차 도와주지 않은 거네요?

 도와주기는커녕 괴롭히기만 했지, 뭐.

폐정 개혁안에서 높은 이자를 받고 곡식을 빌려주는 행위를 금지하자고 한 이유도 이제 잘 이해가 돼요.

 농민군이 토지를 골고루 나눠 주고 경작하게 하자고 한 것도 가진 것이 아무것도 없는 백성도 먹고살 수 있게 해 주려는 것이었어요. 사회적 약자들도 함께 살기 좋은 세상을 만들기 원했던 것이지요.

전봉준은 이렇게 평등한 세상을 만들려면 동학 농민군이 먼저 솔선수범을 보여야 한다고 생각했어요.

타인을 배려하는 사회

보리를 세우는 농민군

 그래서 농민군이 따라야 할 지침과 행동 원칙을 만들었지요.

 행동 원칙요?

 네. 어쩔 수 없이 싸우더라도 사람을 함부로 죽이지 말 것, 행군할 때 남의 물건을 훔치지 말 것, 마음대로 짐승을 잡아먹지 말 것 등의 내용이 담겨 있었어요.

 전투가 일어났는데 어떻게 적군을 안 죽여요?

 가능하면 죽이지 말라는 뜻이 아닐까? 항복하고 사로잡힌 포로는 풀어 줄 수도 있으니까.

 또 전쟁 중에는 애꿎은 마을 사람들이 피해를 입는 경우도 있잖아.

 맞아요. 황룡촌 전투 때 서울에서 내려온 관군은 군량미를 내라며 상인들의 쌀을 빼앗고, 마을에 들어가 소나 닭을 마구 잡아먹었어요. 반면 농민군은 보리밭 옆을 지날 땐, 보리를 붙들어 쓰러지지 않게 할 정도로 백성들을 배려했답니다.

 그래서 사람들이 동학 농민군을 응원했군요.

역사 인물
탐구하기

혁명가 김개남

김개남의 원래 이름은 김기범이에요. 그런데 '남쪽으로부터 새로운 세상을 연다.'는 뜻을 담아 개남으로 스스로 이름을 고쳤어요. 그만큼 새로운 사회를 만들고자 하는 열망이 컸지요.

김개남은 동학 농민군 지도자들 가운데 가장 강경한 인물이었어요. 다른 사람과 타협하기보다는 자기가 옳다고 믿는 것을 굳세게 밀고 나갔지요. 그런 만큼 김개남의 부대는 전투에서 가장 용감하게 싸웠어요.

김개남은 전주성을 점령한 뒤 바로 한양으로 밀고 올라가고자 했어요. 그래서 조정과 화약을 맺는 것도 끝까지 반대했지요. 전봉준과 의견이 달랐던 김개남은 결국 부대를 이끌고 남원으로 돌아갔어요. 그곳에서 집강소를 설치하고, 신분 제도를 없애는 데 힘을 쏟았지요.

하지만 부정한 관리와 욕심 많은 부자들을 모질게 처벌하는 과정에서 적도 많이 생겼어요. 청주에서 일본군에게 패하고 숨어 있던 김개남이 관군에 붙잡히자 그에게 앙심을 품었던 양반들이 몰려왔어요. 이때 김개남은 재판도 제대로 받지 못하고 바로 죽임을 당하고 말았지요.

그의 죽음을 누구보다 슬퍼했던 건 농민들이었어요. 농민들은 "개남아, 개남아, 김개남아! 그 많던 군사는 어디다 두고, 짚둥우리에 묶여 가니 이게 웬 말이냐."라고 노래를 부르며 가슴 아파했답니다.

동록개의 꿈
원평 집강소

남달리의 역사 수첩

전라도 원평에는 유일하게 남아 있는 집강소가 있어요. 네 칸짜리 초가집인 이 소박한 건물은 1882년에 지어졌어요. 동학 농민군이 집강소로 사용했지만, 일제 강점기에는 면사무소로 사용되기도 했어요. 그러다 오랜 세월이 지나며 많이 훼손되었고, 2015년에 전문가의 고증과 마을 주민들의 자문을 받아 옛 모습 그대로 새로 지어졌답니다.

이곳 원평 집강소에 가면 '동록개의 꿈'이라는 글자가 새겨진 장승을 볼 수 있어요. 동록개는 누구이며 그의 꿈은 무엇이었을까요?

동록개는 원평에 살던 백정이에요. 사람들이 동네 개라고 부르던 것이 그대로 이름이 되었다고 해요. 소나 돼지 잡는 일을 하는 백정은 신분이 가장 낮은 천민이었어요.

동록개는 누구보다 열심히 일해서 돈을 많이 벌었어요. 하지만 천한 신분 때문에 사람들에게 무시당하기 일쑤였지요.

그러던 어느 날, 동록개는 전주성을 점령한 동학 농민군이 전라도 각 고을에 집강소를 세운다는 소식을 들었어요.

동록개는 원평 대접주 김덕명을 찾아가 자신의 집을 집강소로 써 달라며 바쳤지요.

동학 농민군은 동록개의 바람대로 이 집을 집강소로 정하고, 이곳에서 폐정 개혁을 실행했답니다. 동록개의 꿈은 누구도 차별받지 않는 평등한 세상이었던 것이지요.

음력 천팔백구십사년 유월 이십일일

4장
남접과 북접의 농민군이 연합하다

왜 남의 나라에서 싸우냐!

집강소는 농민의 입장을 대변하며 폐정 개혁을 해 나갔지만, 안타깝게도 오래가지는 못했어요. 일본이 청나라를 상대로 조선에서 전쟁을 일으켰기 때문이에요.

이게 웬일이냐옹!

일본의 수상한 움직임

화가 난다!

농민군과 전주 화약을 맺은 조선 정부는 청나라와 일본에 조선 땅에서 물러가라고 요구했어요. 하지만 일본은 이 말을 무시했지요.

어쩌면 좋냐옹!

우리 일본은 조선에 이런저런 개혁을 요구합니다. 조선이 개혁하려면 일본의 도움이 필요할 테니 우리는 조선에 계속 머물겠습니다.

오토리 게이스케
일본 공사

일본이 이렇게 나온 것은 전주 화약으로 더 이상 조선에 머물 명분이 없어지자 다른 핑계를 찾으려는 것이었어요.

조선 정부는 이를 받아들이지 않았어요. 그러자 일본군은 경복궁을 점령해 버렸어요.

일본군이 궁으로 쳐들어오다니···.

그리고 서울에 있는 조선 군대를 해체하고 무기까지 빼앗았지요.

일본은 화가 난 조선의 백성을 달래려고 청나라에 잡혀 간 흥선 대원군을 데려왔어요.

무슨 꿍꿍이지?

흥선 대원군

개혁을 추진할 군국기무처를 만들고….

일본은 자기들에게 우호적인 개화파 인사들과 함께 조선을 개혁할 군국기무처를 설치했어요. 초대 총리대신으로 김홍집이 임명되었고, 박정양 등 17명이 의원으로 임명되었어요.

김홍집   박정양

또한 일본군은 청나라 군대를 조선 땅에서 완전히 몰아내고자 했어요. 그래서 선전 포고도 없이 아산만에 있던 청의 군대를 다짜고짜 공격했지요.

일본군은 평양에서 벌어진 전투에서 큰 승리를 거두었어요. 그 뒤 황해도 앞바다에서 벌어진 해전에서 청나라 군함을 침몰시켰지요. 기세가 오른 일본군은 압록강을 건너 만주까지 청나라 군대를 쫓아내 버렸어요.

청일 전쟁 이후 일본은 러시아 등 다른 나라들을 의식하여 대놓고 간섭하지는 못했지만, 조선에 대한 욕심을 버린 것은 아니었어요.

동학 농민군은 조선에서 물러나지 않는 일본을 보고만 있을 수 없었어요. 농민군과 일본군의 전쟁이 서서히 다가오고 있었지요.

남접과 북접 농민군의 만남

전라도 지역의 동학 조직을 남접이라고 하고, 충청도 지역의 조직을 북접이라고 불렀어요.

동학 농민군은 일본을 물리치기 위해 전라북도 삼례에서 전봉준을 중심으로 다시 뭉쳤어요.

앞선 봉기 때 함께하지 않았던 북접 농민들도 이번에는 달랐어요. 일본군을 무찌르기 위해 모두 한마음으로 뭉쳤지요.

손병희가 이끄는 북접 농민군은 전봉준이 이끄는 남접 농민군과 논산에서 만났어요. 그리고 함께 공주로 출발했지요. 이들은 공주를 점령하고 서울로 진격하는 것이 목표였답니다.

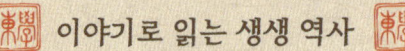

경복궁을 점령한 일본군

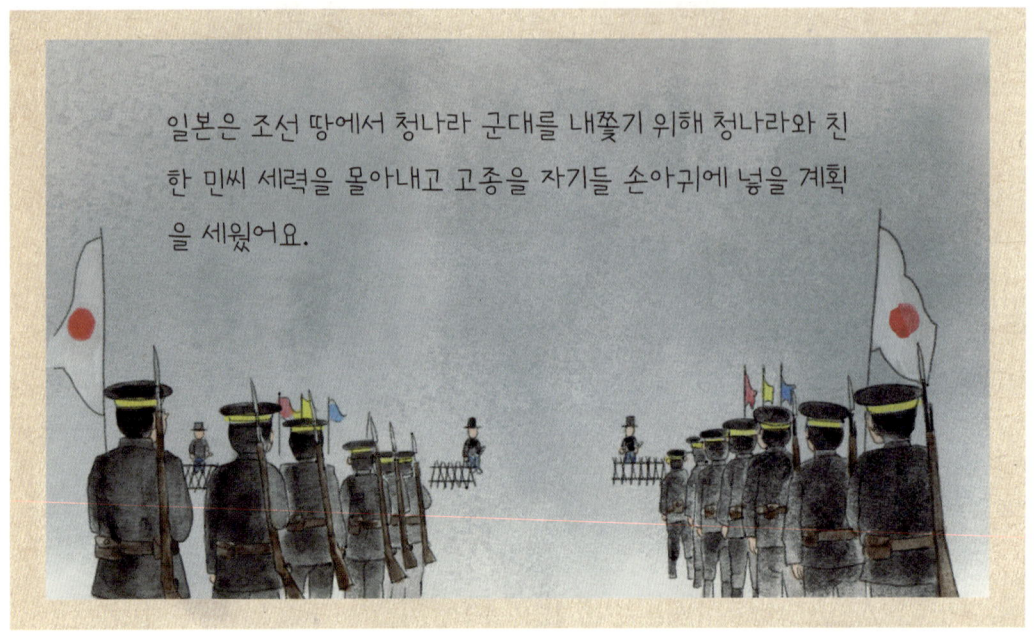

일본은 조선 땅에서 청나라 군대를 내쫓기 위해 청나라와 친한 민씨 세력을 몰아내고 고종을 자기들 손아귀에 넣을 계획을 세웠어요.

"펑!"

커다란 대포 소리가 조용하던 궁궐을 뒤흔들었어요. 얼마 뒤 경복궁의 서쪽 영추문과 동쪽 건춘문에서 연달아 무언가 폭발하는 소리가 들려왔어요. 곧이어 엄청난 함성과 총소리가 궁을 뒤덮었지요.

"연희야, 일어나 봐. 저 소리 안 들려?"

이령은 깜짝 놀라 옆에서 자고 있는 연희를 흔들어 깨웠어요. 밖에서 나인들이 웅성대는 소리가 점점 커졌어요. 잠시 뒤 감찰상궁(궁녀들의 일을 살피고 잘못이 있으면 처벌하는 일을 맡은 상궁)이 와서 불호령을 내렸지요.

"다들 들어가라. 어서! 모두 불을 끄고 절대로 방에서 나오면 안 되느니라. 알겠느냐?"

나인들이 모두 방으로 들어가자 감찰상궁은 황급히 건물 밖으로 사라졌어요.

"밖에 무슨 일이 생긴 걸까? 전라도에서 농민들이 봉기를 일으켰다더니 벌써 한양까지 올라온 거면 어쩌지?"

연희의 말에 이령은 낮에 무수리가 해 준 이야기가 떠올랐어요. 오늘 일본군이 광화문 앞까지 와서 총검을 휘두르며 훈련을 하는 바람에 너무 무서워 먼 길을 빙 돌아 궁에 왔다는 것이었지요.

"글쎄, 농민군은 아닌 것 같아. 무수리가 광화문 근처에서 일본군을 봤다고 했거든."

"일본군? 일본군이 왜? 농민군을 진압하러 오는 건 청나라 군대라며?"

이령도 중전마마께서 민란을 진압하려고 청나라 군대를 불렀다는 말은 들었지만, 일본군이 왜 광화문 앞까지 온 것인지는 알 수가 없었어요. 하지만 그것보다 걱정스러운 일은 따로 있었지요.

"연희야, 최고상궁 마마님이 아직 안 들어오셨어. 우리가 나가서 찾아봐야 하지 않을까?"

"우리가? 그렇지만 감찰상궁 마마님도 꼼짝 말고 방에 있으라고 하셨잖아."

연희가 덜덜 떨리는 목소리로 대꾸했어요. 그때 바깥에서 요란한 총소리가 들렸어요. 겁먹은 어린 나인 하나가 울음을 터뜨리자 방 안은 순식간에 울음바다가 되었어요. 이령과 연희는 어린 나인들을 달래 주다 지쳐 까무룩 잠이 들었지요. 이령이 화들짝 놀라 눈을 떴을 땐, 벌써 날이 밝아 오고 있었어요. 이령은 연희를 깨워 서둘러 옷을 챙겨 입었어요.

　밖으로 나간 이령과 연희는 몇 걸음 떼지도 못하고 하마터면 자리에 주저앉을 뻔했어요. 곳곳에 군인들 시체가 나뒹굴고 있었거든요. 밤사이 들리던 총소리의 결과라는 것을 알 수 있었지요. 생전 처음 보는 끔찍한 광경에 다리가 후들거렸지만, 이령과 연희는 최고상궁 마마님을 생각하며 용기를 냈어요. 다섯 살에 궁에 들어온 두 사람에게 최고상궁 마마님은 어머니나 다름없었기 때문이에요.

　"저, 저기! 일본군 아니야?"

　홍복전을 지나던 이령이 깜짝 놀라 연희 손을 잡아끌었어요. 둘

은 얼른 담장 뒤로 몸을 숨겼지요. 건너편에 있는 함화당을 둘러싼 일본군은 백 명도 넘어 보였어요. 번쩍거리는 총검을 허리에 찬 채 일렬로 늘어서 있었지요.

그때 함화당 안에서는 일본군 대대장이 왕실을 호위하던 수비대를 내쫓고 고종을 위협하고 있었어요.

"전하, 이렇게 싸워 봤자 목숨을 잃는 것은 조선 병사들뿐입니다. 그러니 조선 병사들에게 무기를 버리고 항복하라는 어명을 내리십시오. 전하는 우리 일본군이 보호해 드릴 것입니다."

고종은 참담한 표정을 숨기지 못했어요. 한 나라의 왕을 협박하다니 무엄하다며 호통을 치고 싶었지만, 조선 군대는 근대식 무기로 무장한 일본군을 몰아낼 힘이 없었어요.

일본군을 따라 밖으로 나온 고종은 할 수 없이 모두 싸움을 멈추고 무기를 버리라고 명했어요. 일본군에게 붙잡혀 있던 궁녀와 내관들이 모두 그 자리에 엎드려 통곡을 했지요. 전하의 모습은 평소와 달리 너무나 초라해 보였어요. 몰래 지켜보던 이령은 가슴 한쪽이 무너져 내리는 기분이었지요.

이령과 연희가 처소로 들어오고 얼마 지나지 않아 최고상궁 마마님도 돌아왔어요. 하지만 반가워할 겨를도 없이 일본군에 의해 다 같이 궁 밖으로 쫓겨나고 말았지요.

"나는 어떻게든 다시 궁으로 들어갈 방법을 찾아봐야겠다. 너희들은 다른 나인들을 따라가거라."

최고상궁 마마님은 이령과 연희가 대답을 하기도 전에 뒤돌아 빠른 걸음으로 사라져 버렸어요. 나인들이 무리를 지어 걸어가자 여기저기서 숙덕대는 소리가 들렸어요.

"어휴, 일본군이 경복궁을 점령했다더니 궁녀들을 모조리 내쫓은 모양이구먼."

"자기 나라 백성을 잡겠다고 외국 군대를 부르더니만……. 나라 꼴이 이게 뭔가? 오죽하면 전라도 백성들이 난을 일으켰겠느냐 이 말이야. 농민군이 한양에 오기만 하면 나도 농민군에 들어갈 생각이네."

왕실을 원망하는 백성들의 푸념을 듣자 이령은 마치 이 상황이 자기 탓이기라도 한 듯 자꾸만 주눅이 들었어요. 그때 누군가 다급하게 이령을 부르는 소리가 들렸어요.

"항아님, 이령 항아님, 저 좀 보셔요!"

언제부터 쫓아왔는지 무수리가 헉헉대며 숨을 몰아쉬었지요.

"궁에 갔더니 일본군이 막고 못 들어가게 하잖아요. 그래서 항아님들이 가신 곳을 물어 물어 이렇게 뛰어왔어요."

"잘했다, 정말 잘했어. 안 그래도 이게 다 무슨 난리인지 물어볼 사람이 없어서 얼마나 답답했는지 몰라. 넌 오가며 뭐 들은 것 좀 없니?"

무수리가 목소리를 잔뜩 낮추고 대답했어요.

"전라도 농민군은 이미 한 달 전에 조정과 화약을 맺고 해산했대요. 그런데도 일본 군대가 돌아가지 않고 버티고 있는 거래요."

"그럼, 농민군은 한양으로 안 온다는 거네? 그런데 일본군은 왜 한양까지 들어온 거야?"

연희가 눈이 동그래져서 되물었어요.

"그건 저도 잘 모르겠어요. 그런데 일본군이 오늘 아침에 대원군을 경복궁으로 모셔 갔대요."

"대원위 대감을?"

고종의 아버지인 홍선 대원군은 며느리인 중전마마와 사이가 아주 나빴어요. 일본군이 대원군을 경복궁에 모셔 갔다니 분명 다른 꿍꿍이가 있는 게 틀림없었지요. 이령은 일본이 어제 경복궁을

점령했듯 조선을 통째로 집어삼키려는 게 아닐까 두려운 마음이 들었어요.

　이령이 걱정했던 대로 일본은 고종을 압박해 모든 권력을 대원군에게 넘기게 했어요. 그러자 대원군은 민씨 세력부터 내쫓았지요. 하지만 대원군이 자기 뜻대로 할 수 있는 일은 그 정도뿐이었어요. 일본은 이미 자기들의 말을 잘 들을 만한 신하들을 골라 놓고, 대원군에게 그들을 임명하여 새로운 정부를 구성하도록 지시했지요. 영의정 김홍집이 이끄는 새 정부는 우리나라가 청나라의 속박에서 벗어나려면 일본과 협력해야 한다고 믿는 사람들로 구성되어 일본에 적극 협력했어요.

　며칠 뒤 일본군은 궁녀와 내관들을 다시 궁 안으로 들여보내 주었어요. 하루는 최고상궁 마마님이 이령과 연희를 불러 당부했어요.

　"최근에 설치된 군국기무처에서 왕실과 정부의 일을 분리한다는구나. 왕실의 일은 궁내부에서 맡게 되었으니 그리 알고 앞으로 전하와 중전마마를 더욱 힘써 모셔야 한다."

　"네."

　마마님들은 아무렇지 않다는 듯 행동했지만, 궁 안의 분위기는 예전 같지 않았어요. 군국기무처에서는 하루가 멀다 하고 개혁안을 발표했어요. 500년 동안 이어진 과거 제도를 폐지하는가 하면, 양반과 상민을 나누던 신분 제도를 없애 사람들을 놀라게 했지요. 이처럼 개혁적인 조치들은 근대적인 개혁을 주장하는 개화파의

오랜 꿈을 실천한 것이었어요. 그러나 이들은 지나치게 일본에 의존했기 때문에 일본의 간섭을 받을 수밖에 없었어요.

"전하도 대신들도 모두 일본 공사 눈치만 보고…… 여긴 더 이상 조선의 궁궐이 아닌 것 같아."

궁 안을 제멋대로 돌아다니는 일본군을 바라보던 연희가 울먹이며 말했어요. 연희의 말이 목에 걸린 가시처럼 이령의 마음을 괴롭혔어요. 하지만 이령은 아무런 대꾸도 할 수가 없었답니다.

동아시아를 뒤흔든 동학 농민 운동

🛜 일본군은 왜 경복궁에 침입했을까?

 남의 나라 군대가 궁궐에 쳐들어와서 왕을 인질로 잡고 협박하다니, 이래도 되는 거야?

그러게 말이야. 조선이 너무 휘둘리기만 하는 것 같아서 속상해.

 일본에게 조선은 대륙으로 진출하기 위한 다리 같은 곳이었어. 반대로 청나라에게는 그런 조선이 일본과 외세를 막기 위해 꼭 지켜야 하는 중요한 곳이었지.

그래서 일본은 조선에서 청나라 군대를 몰아내려면 전쟁을 피할 수 없다고 생각했나 봐. 청나라도 일본도 물러설 수 없는 상황이었으니까.

 하지만 서양 강대국들의 눈치가 보였지. 그래서 일본은 꾀를 하나 냈어.

그게 뭔데?

 조선에 내정 개혁안을 제시하고 이를 시행하라고 한 거야. 조선에 남아 있을 명분이 필요했거든.

그런데 고종은 교정청을 설치해 자주적으로 개혁을 시도하고자 했기 때문에 이를 거절했어.

 결국 일본은 군대를 동원해 경복궁을 점령할 계획을 세우게 돼.

📶 청일 전쟁의 시작, 풍도 해전

일본군은 먼저 서울에서 의주로 이어지는 전기 통신선을 절단해 청나라에 경복궁 침입 소식이 알려지는 것을 막았어.

 처음부터 아주 작전을 철저하게 세웠구나.

그리고 6월 21일 새벽에 광화문을 공격했어. 궁궐을 수비하던 조선 군인들은 있는 힘껏 싸웠어.

 하지만 인질로 잡힌 고종이 무기를 거두라는 어명을 내리자 어쩔 수 없이 무기를 버리고 궁을 떠나야 했지.

이렇게 조선 정부를 손아귀에 넣은 일본은 곧바로 다음 작전을 실행했어. 바로 청나라와의 전쟁이었지.

 어휴, 남의 나라에서 전쟁까지 벌이다니.

일본은 선전 포고도 하지 않고 서해 풍도 앞바다에 있던 청나라의 북양 함대에 대포를 쏘아 댔어. 이 전투에서 수백 명의 청나라 군인들이 바다에 빠져 죽고, 대포와 화약, 은 등을 일본에 빼앗기고 말았지.

북양 함대는 청나라가 자랑하던 서양식 군함이었어. 이 사진 속 배가 북양 함대야. 청나라 해군이 일본에 패하자 청나라뿐만 아니라 조선인들도 큰 충격을 받았지.

📶 평양 전투에서 승리한 일본군

갑신정변 때만 해도 일본이 청나라에 밀려서 물러났던 것 같은데, 10년 동안 군사력이 엄청 강해졌구나.

맞아. 청나라 해군이 제자리걸음을 하는 동안 일본의 연합 함대는 더 커지고, 더 빨라졌거든. 그 결과 일본은 모두의 예상을 뒤엎고 큰 승리를 거두었지.

일이 이렇게 되자 다급해진 청나라는 평양에 더 많은 군사들을 보냈어.

이번엔 평양에서 전투가 벌어진 거야?

 응. 일본군은 평양으로 달려가 총력전을 펼쳤지. 그러는 동안 평양은 쑥대밭이 되고 말았어.

 뭐야? 두 나라 싸움에 우리나라만 망가지잖아!

 그러게. 게다가 그 무렵 압록강 근처 황해 앞바다에서는 청나라 북양 함대와 일본 연합 함대 사이에 큰 전투가 벌어졌어.

 일본은 두 전투에서 모두 큰 승리를 거뒀어. 그리고 압록강을 넘어 도망치는 청나라 군인들을 끝까지 추격했지.

 그렇게 해서 일본군은 요동반도 끝에 있는 뤼순과 산둥반도의 웨이하이까지 손에 넣었어. 욕심대로 우리나라를 발판으로 청나라까지 진출한 거지.

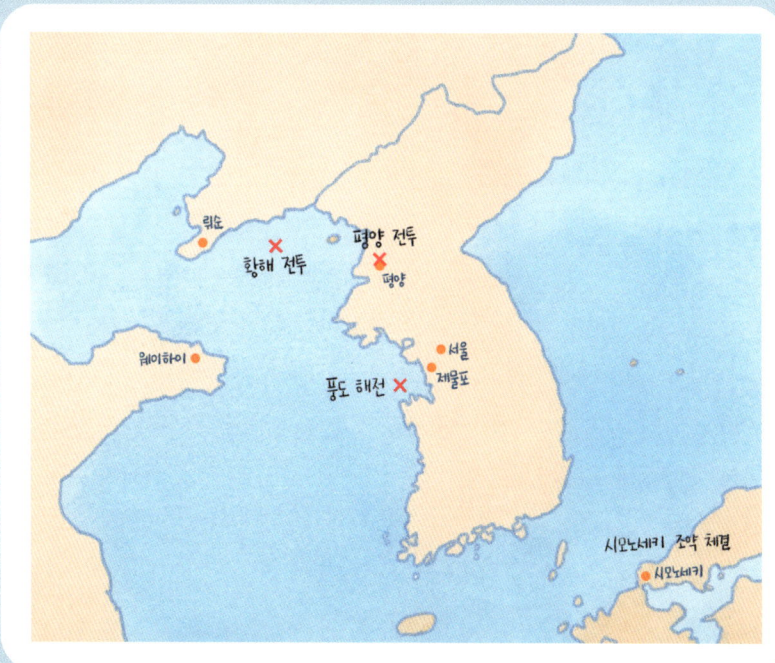

우리나라를 희생시켜 자기들 욕심을 채웠네. 정말 씁쓸하다.

📶 달라진 동아시아의 질서

더 이상 버틸 수 없게 된 청나라는 결국 일본에 항복했어. 전쟁이 벌어진 지 6개월 만이었지.

 전쟁이 끝나고 청나라의 이홍장과 일본의 이토 히로부미는 시모노세키에서 조약을 맺었어. 이 사진이 일본어로 쓰인 시모노세키 조약 문서야.

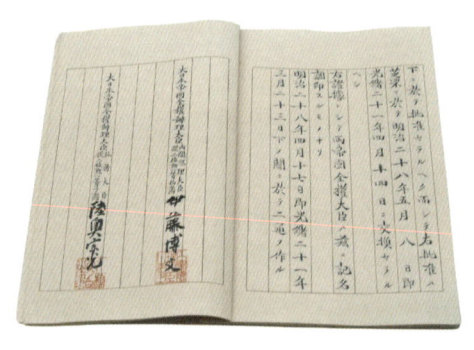

전쟁에서 진 청나라는 일본에 엄청난 배상금을 물어 주어야 했고, 조선에 대한 우선권도 빼앗겼지.

 당시 동아시아의 중심이었던 청나라가 청일 전쟁으로 완전히 무너졌구나.

맞아. 땅이 넓고 인구가 많은 청나라를 경계하던 서양 강대국들도 청나라가 일본에 지는 것을 본 뒤 청나라를 얕보기 시작했어.

 영국, 프랑스, 러시아, 심지어 일본까지 서로 청나라 땅을 차지하려고 눈에 불을 켰지.

반대로 전쟁에 승리한 일본은 동아시아의 새로운 강자로 떠올랐어. 그러니 조선과 대륙 진출에 대한 욕심도 커지지 않았을까?

 아니, 왜 우리나라를 그냥 내버려 두지 않는 거야!

당시에는 강한 나라들이 세계 곳곳에 식민지를 만들고 있던 때였으니까.

 그게 바로 제국주의잖아. 청일 전쟁 승리 후 일본에서는 제국주의자들의 목소리가 더욱 커졌어.

일본은 타이완을 시작으로 동아시아 곳곳을 식민지로 만들어 버렸어.

역사 인물 탐구하기

여성 동학 농민군
이소사

전봉준이 이끄는 동학 농민군이 공주 우금치로 향할 무렵, 남쪽의 장흥에는 수천 명의 농민군이 남아 있었어요. 농민군의 뒤를 공격하려는 민보군(농민군을 토벌하려고 유생들이 만든 군대)을 막기 위해서였지요. 이들은 우금치 전투에서 패하고 남쪽으로 내려온 농민군과 힘을 합쳐 벽사역을 점령하고, 장녕성으로 진격했어요.

이때 가장 앞에서 수많은 농민군을 지휘하는 여장부가 있었어요. 스물두 살의 여성 동학 농민군 이소사였지요. 이소사가 말을 타고 적을 공격하는 모습은 마치 날아다니는 호랑이 같았어요. 장흥 부사 박헌양의 목을 벤 사람이 이소사라는 소문이 돌 정도였지요.

동학 농민군이 강진까지 진출했다는 소식에 깜짝 놀란 일본군은 헐레벌떡 장흥으로 달려왔어요. 농민군은 일본군과 장흥 석대들에서 맞붙었지요. 하지만 신식 무기로 무장한 일본군 앞에서 공격다운 공격도 해 보지 못하고 크게 패하고 말았어요.

결국 이소사도 관군에게 붙잡히고 말았어요. 그리고 농민군 중에서도 우두머리만 끌려가는 나주 감옥에 갇혔지요. 이소사는 감옥에서 너무나 심한 고문을 당한 나머지 얼마 못 가 세상을 떠나고 말았어요.

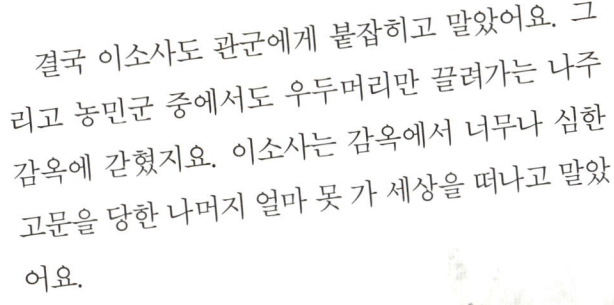

안타깝게도 오늘날 이소사에 대한 기록은 별로 남아 있지 않아요. 사실 '소사'는 남편이 없는 여자를 이르는 명칭이라 이소사의 본명도 알지 못한답니다. 하지만 동학 농민 운동을 공부할 때, 우리가 꼭 기억해야 할 인물이랍니다.

남달리의 역사 수첩

정한론

조선을 정복하라!

경복궁을 침입해 친일 정부를 세우고, 청일 전쟁을 일으켜 청나라 군대를 조선에서 몰아낸 일본. 일본이 이렇게 조선을 점령하려고 눈에 불을 켠 까닭은 무엇이었을까요?

이유야 어쨌든 나쁘다!

도대체 왜 그러냐옹.

1858년 일본은 미국에 의해 강제로 개항했어요. 그 뒤 서양과 몇 번의 전쟁을 치른 일본은 군사력의 차이를 뼈저리게 느꼈지요.

이때 조슈 번(오늘날 야마구치현)의 무사였던 요시다 쇼인은 이렇게 말했어요.

"지금 일본의 힘으로는 서양 강대국을 이길 수 없다. 그러니 러시아나 미국 같은 강대국과는 친밀하게 지내고, 조선과 만주를 정복해 우리가 빼앗긴 것을 보상받아야 한다. 그것만이 우리 일본이 살 길이다."

이러한 주장은 일본 정치인과 군인들에게 큰 영향을 미쳤고, 조선을 정복하자는 정한론이 크게 일어났어요.

정한론이 살 길이야.

이처럼 정한론을 주장한 세력이 조선을 침략하는 데 앞장서게 되지요.

오시마 요시마사
경복궁 침입 작전 지휘

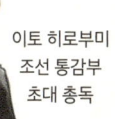

이토 히로부미
조선 통감부 초대 총독

113

1894년, 남쪽의 전라도 못지않게 동학 농민군의 함성이 뜨거웠던 곳이 있었으니… 바로 열아홉 살 소년 접주 김구(그때의 이름은 김창수)가 활약했던 황해도이다.

그해 가을, 김구와 황해도 접주들은 보은에서 교주 최시형을 만났다. 일본에 맞서 모든 동학 교인이 싸운다는 말에 황해도에서도 동학 농민군이 크게 일어난 것이다.

적에서 친구로,

김구와 안중근

황해도 동학 농민군은 농민뿐만 아니라 사금을 캐던
노동자, 포수 등 다양한 사람들로 이루어졌다.

황해 감영을 습격한 동학 농민군은
관찰사를 옥에 가두고,

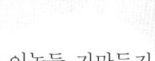

무기 창고에서 무기를 빼앗았다.

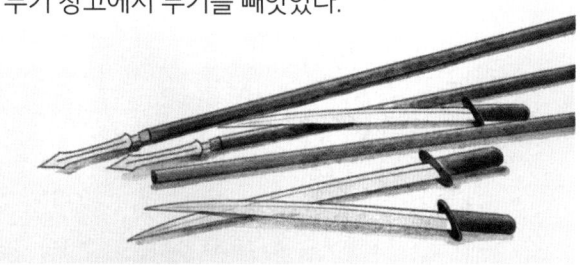

그들은 황해도의 중심, 해주성을 점령할 정도로
기세가 대단했고,

그중에서도 김구는 700여 명의
포수를 이끄는 대장으로 이름을 날렸다.

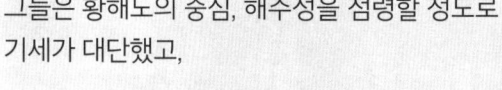
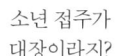

반면, 포수 70여 명과 유생 100여 명으로 이루어진 민보군을 이끌었던 대장은 안태훈.
그는 열여섯 살 된 첫째 아들을 민보군에 데리고 갔는데,

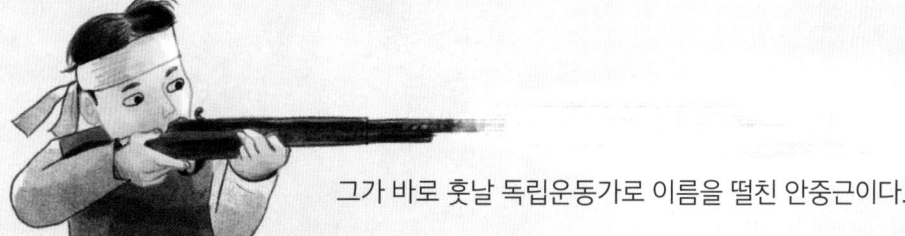

그가 바로 훗날 독립운동가로 이름을 떨친 안중근이다.

그러던 어느 날, 김구가 이끄는 동학 농민군과 안태훈의 민보군이 서로 멀지 않은 곳에 진을 치고 맞서게 되었다.

언제 전투가 벌어질지 모르는 다급한 상황.

김구는 민보군 대장 안태훈에게서 한 통의 편지를 받았다.

"무모하게 우리를 치려다 패하면 그대의 목숨을 보장하기 어렵다. 그러면 좋은 인재를 하나 잃게 되니 당신의 부대와 우리 부대는 싸움을 피하는 것이 좋지 않겠는가?"

김구의 동학 농민군은 안태훈의 민보군보다 수가 훨씬 많았지만,

언제 들이닥칠지 모르는 일본군과의 전투에 대비해야겠다는 생각에 김구는 고민 끝에 이 제안을 받아들여 싸우지 않았다.

더 큰 적은 일본군이야.

그 뒤 황해도의 동학 농민군은 결국 일본군에게 크게 지고 말았다.

김구는 이때의 인연으로 안태훈의 고향에서 몇 달 동안 몸을 숨기고 지낼 수 있었다.

이 은혜는 절대 잊지 않겠습니다.

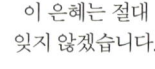

그리고 김구와 안중근, 두 사람은 우리나라 독립운동에서 빼놓을 수 없는 이름이 되었다.

음력 천팔백구십사년 십일월 구일

5장
동학 농민군, 일본에 맞서 끝까지 싸우다

일본군이 경복궁을 점령하고, 청나라와 전쟁을 일으켰다는 소식은 전국으로 퍼져 나갔어요. 일본에 대한 백성들의 분노는 걷잡을 수 없이 커졌지요.

혼내 주고 싶다옹.

동학 농민군, 일본에 맞서다

남접과 북접 농민군이 연합하여 공주로 출동했다는 소식은 금세 조정에 전해졌어요.

큰일이다옹!

경복궁을 점령한 뒤 일본은 조선과 연합군을 결성했어요.

이제부터 우리는 함께 움직인다.

싫은데….

그뿐만 아니라 일본군이 먹을 쌀과 필요한 물건, 말과 소 등도 모두 조선에서 가져갔지요.

공주 근처에 도착한 농민군은 기다리고 있던 관군·일본군 연합군과 몇 번의 전투를 벌였어요. 하지만 능치, 하고개, 효포에서 연달아 패하고 논산까지 밀려나고 말았지요.

초겨울의 공주는 몹시 추웠어요. 눈이 내릴 때마다 농민군은 추위에 벌벌 떨며 행군했지만, 가죽 장화를 신은 일본군은 아무렇지 않게 공주 땅을 누볐어요.

그래도 농민군은 포기하지 않았어요. 전봉준은 이인에서 기습 작전을 펼쳐 방심하고 있던 관군을 몰아냈어요. 관군은 우금재까지 밀려났지요.

최후의 전투

마침내 11월 8일, 농민군은 공주 우금치에서 관군·일본군 연합군과 맞붙었어요.

우금치 전투
농민군은 용맹하게 맞서 싸웠지만, 아무리 수가 많아도 강력한 근대식 무기 앞에서는 힘을 쓸 수가 없었어요. 결국 동학 농민군은 우금치에서 크게 패하고 말았지요.

그 뒤, 농민군은 남쪽으로 뿔뿔이 흩어졌어요.

일본군은 흩어진 농민군을 끝까지 추격했어요.

동학 농민군은 조선에서 가장 끈질긴 자들이다. 이들을 없애 버려야 우리 일본이 마음 놓고 조선을 지배할 수 있을 것이다!

이 일에는 관군과 민보군까지 동참했어요. 이들은 나라를 구하려고 무기를 들었던 평범한 농민들을 역적으로 취급했어요.

이야기로 읽는 생생 역사

우금치에 묻혀 버린 꿈

동학 농민군의 숫자는 관군·일본군 연합군의 열 배에 달했어요. 수십 리에 걸쳐 빽빽하게 깃발을 들고 늘어선 농민군의 모습은 마치 거대한 병풍을 둘러놓은 듯했지요.

"좀 어때? 견딜 만해?"

봉구가 동상 걸린 두식이 발을 연신 주무르며 물었어요. 해진 짚신을 신고 눈구덩이 속을 다니느라 동상에 걸리고 만 것이지요.

"훨씬 좋아졌으니 내 걱정은 마라."

두식이는 애써 웃으며 낮에 먹다 만 주먹밥을 반으로 잘라 봉구에게 건넸어요. 둘 다 허기를 달래고 싶었지만, 추위에 얼어붙은 주먹밥은 돌덩이처럼 딱딱했지요.

가죽신 만드는 일을 하는 갖바치 아들 봉구와 부잣집 종이었던 두식이는 어릴 때부터 한 고을에서 자란 둘도 없는 친구였어요. 둘은 농민군에도 함께 지원했지요. 처음에는 너무 어리다고 거절당했지만, 부모를 잃고 어차피 갈 곳도 없다는 말에 농민군이 받아 준 것이에요.

공주로 오면서 벌어진 몇 번의 크고 작은 전투에서 농민군은 대부분 패하고 말았어요. 그러는 동안 겁을 먹고 추위에 지친 농민들이 잇따라 달아났지요. 어쩔 수 없이 경천까지 물러났던 농민군

은 오늘 이인 전투에서 모처럼 승리를 거두고, 최후의 결전을 치르기 위해 우금치로 왔어요.

우금치만 넘으면 공주를 지나 곧장 한양으로 갈 수 있어요. 하지만 일본군도 그걸 모를 리 없었지요. 일본군은 이미 고개 가장 높은 곳에 자리를 잡고 오른쪽으로는 새재, 왼쪽으로는 큰골로 이어지는 방어진을 촘촘하게 쳐 둔 상태였어요.

다음 날, 이른 아침부터 농민군은 쉴 새 없이 함성을 질렀어요.

농민군 숫자를 과시해 관군과 일본군의 기를 죽이려고 한 거예요. 봉구네 부대도 요란하게 풍물을 치며 진격 명령을 기다렸지요.

 징징징.

 징 소리와 함께 농민군 깃발이 힘차게 휘날렸어요.

"가자!"

 봉구와 두식이도 대나무창을 쥐고 용감하게 앞으로 뛰어나갔어요. 그런데 얼마 뒤, '뻥!' 하는 소리가 산을 뒤흔들더니 드드드득 하는 소리가 골짜기에 울려 퍼졌어요. 골짜기 양쪽에서 관군이 대

포와 기관총을 퍼붓고 있었지요.

"엎드려!"

대장의 다급한 외침에 봉구와 두식이는 얼른 바닥에 납작 엎드렸어요. 주변을 둘러보니 이미 농민군 수십 명이 쓰러져 있었어요. 봉구는 분한 마음을 누르지 못하고 입술을 꽉 깨물었지요.

"저 망할 기관총!"

"수풀이 우거졌다면 몸이라도 숨길 수 있을 텐데."

두식이는 헐벗은 겨울 산이 너무 야속했어요.

관군과 일본군은 높은 곳에서 일제히 총을 발사했어요. 농민군은 총격을 피해 물러났다가 다시 쳐들어가고, 물러났다 또 쳐들어가기를 수십 번 반복했지요. 하지만 공격을 거듭할수록 농민군의 시체만 가득히 쌓여 갔어요. 농민군은 일단 후퇴할 수밖에 없었어요.

이른 저녁을 먹은 두식이와 봉구네 부대원들이 대장의 명령을 받고 집합했어요.

"여러분들은 그동안 무엇을 위해 싸워 왔는가?"

뜬금없는 대장의 질문에 다들 눈만 끔벅거렸어요.

"나는 천대받던 우리 상놈들도 사람답게 사는 세상을 만들려고 여기까지 왔다. 우리가 이 전투에서 지면, 집강소에서 봤던 그런 세상이 또 오겠는가? 이 전투에서 지면 우리는 어차피 다 죽은 목숨이다."

대장의 한 마디 한 마디가 가슴을 후벼 팠어요.

"이번에는 반드시 일락산을 점령해야 한다. 우리 부대가 선봉에 설 것이다. 각오가 된 사람들만 데리고 가겠다. 선봉에 서고 싶지 않은 사람은 지금 뒤로 물러나라."

대장이 말을 마쳤어요. 하지만 뒤로 물러나는 사람은 아무도 없었지요.

"좋다. 바로 출발한다."

가장 먼저 출발한 봉구네 부대는 새재를 향해 기세 좋게 달렸어요. 멀리 있던 일락산이 손에 닿을 듯 가까워졌을 때, 드드드득 하는 기관총 소리가 또다시 천지를 울렸지요. 순간 앞에서 달리던 병사들이 우르르 나가떨어졌어요. 봉구네 부대에도 양총을 가진 병사들이 있긴 했지만, 대부분은 화승총을 사용하고 있었어요. 이걸로는 수백 미터 떨어진 곳에서도 연달아 사람을 쏘아 맞추는 기관총의 화력을 도저히 따라갈 수 없었지요.

"사수, 관군의 기관총 사수를 노려라!"

대장의 명령에 병사들이 한곳을 노려 총을 쏘기 시작했어요. 사수가 총에 맞았는지 총격이 잠시 잦아들었지요.

"두식아, 지금이다!"

때를 놓치지 않고, 봉구와 두식이는 정신없이 산비탈을 뛰어올랐어요. 부대원 모두 죽음을 무릅쓰고 산 위로 달려들었지요.

"아악!"

갑작스런 봉구의 비명에 두식이가 놀라 뒤를 돌아보았어요. 봉

구가 허벅지를 부여잡고 바닥을 뒹굴고 있었어요. 두식이는 허겁지겁 달려가 봉구를 잡아 주었어요. 얼른 머리에 묶은 수건을 풀고 피로 흥건하게 젖은 봉구의 허벅지를 친친 감아 맸지요.

부상당한 봉구를 데리고 어떻게 이 능선을 넘어야 할지 두식이는 순간 눈앞이 캄캄했어요. 그때였지요.

"후퇴하라!"

대장의 날카로운 목소리가 들렸어요. 봉구네 부대는 왔던 길을 되돌아 구르듯 산을 뛰어 내려갔어요. 두식이도 봉구를 부축하고 있는 힘을 다해 앞만 보고 달렸지요. 총을 든 관군들이 그 뒤를 쫓아왔어요. 또다시 수많은 농민군이 죽임을 당했지요. 한바탕 접전을 치른 뒤 남은 농민군은 10분의 1도 채 되지 않았어요.

 진눈깨비를 맞으며 수십 리를 달려 이인까지 후퇴한 농민군은 모두 기진맥진했어요. 봉구는 간단히 치료를 받은 뒤, 두식이를 따라 대원들이 자고 있는 집으로 들어갔어요.
 "허벅지는 어때? 다시 묶어 줄까?"
 "아냐. 치료받으면서 한 번 더 꽁꽁 싸맸다."

두식이가 봉구 옆에 누웠어요. 하지만 눈을 감아도 사방에서 터지던 폭탄, 기관총에 맞아 눈앞에서 쓰러지던 병사들이 자꾸만 떠올랐지요.

"날이 밝으면 고향으로 돌아갈까? 넌 이제 싸우기도 힘들잖아."

"싫다."

생각할 것도 없다는 듯이 봉구가 딱 잘라 말했어요.

"나는 끝까지 싸울 거다. 여기서는 갖바치 자식이라고 무시하고 그런 것 없지 않냐? 난 절대 예전으로는 돌아가지 않을 거야."

그 말을 듣던 두식이가 봉구 손을 꼭 잡았어요. 흩날리던 눈발이 어느새 함박눈이 되어 소복이 쌓여 가고 있었지요.

역사 상식 나누기 ⑤

그 후에는 어떻게 되었을까?

동학 농민군은 왜 패했을까?

충청남도 공주시에 있는 우금치 고개

약 일주일 동안 모든 것을 쏟아부은 우금치에서 농민군은 뼈아픈 패배를 당했어요. 농민군이 패한 이유는 무엇일까요?

한 많은 우금치라옹.

 일본군의 무기에 비해 농민군 무기가 너무 형편없었기 때문이에요.

 대나무창으로 총을 어떻게 이겨요?

 그렇죠. 일본군이 가진 무기의 위력은 농민군의 것과는 비교가 안 될 정도였어요. 기관총과 대포에 수십 명, 수백 명이 순식간에 목숨을 잃었지요. 관군도 서양에서 들어온 양총을 일본군에게 지급받아서 황토재 전투 때와는 완전히 다른 모습이었어요.

 그래도 군사의 수가 열 배나 됐는데, 무기 차이 말고 다른 이유는 없었을까요?

 일본군이 우금치 고개를 미리 차지하고 있었던 것도 실패의 원인이에요. 전봉준이 북접 농민군과 연합하기 위해 시간을 쓰는 동안 관군·일본군 연합군은 공주로 달려와 유리한 위치를 미리 점령해 버렸지요.

 우금치가 그렇게 중요한 곳이에요?

 우금치는 폭이 좁은 고개라 방어하기는 좋지만, 공격하기는 무척 어려운 곳이에요. 훈련도 덜 된 농민군이 총탄이 쏟아지는 언덕을 향해 정면으로 밀고 올라간 전략은 결국 큰 희생을 낳았답니다.

농민군은 우금치에서 돌이킬 수 없는 큰 피해를 입었어요. 그럼에도 농민군의 사기가 모두 꺾인 것은 아니었어요.

마지막까지 싸운 농민군

전라남도 장흥군에 있는 석대들

 또다시 전투를 벌였나요?

 네. 전봉준은 남은 농민군을 이끌고 논산 황하대에서 관군·일본군 연합군과 맞붙었어요. 농민군은 일본군을 물리치려는 의지는 가득했지만, 그들을 몰아낼 힘이 없었어요. 결국 전봉준은 태인 전투를 마지막으로 농민군 해산을 결정했어요. 광주에서 싸우던 손화중과 최경선도 농민들을 해산시켰지요.

 너무 안타까워요.

 한편, 나주와 같은 남쪽 고을의 민보군을 진압하기 위해 남아 있던 농민군 부대는 장흥 석대들에서 관군·일본군 연합군과 전투를 벌였어요. 이때 이방언, 이인환 등이 붙잡혀 목숨을 잃었지요.

 그럼 살아남은 농민들은 어떻게 됐어요?

 관군들은 눈을 시퍼렇게 뜨고 농민군을 잡아들였어요. 또 농민군의 가족이라는 이유로 무자비하게 탄압했지요.

 어휴, 가족들까지 괴롭히다니…….

 농민군은 살아남기 위해 산속으로 숨거나 섬으로 도망갈 수밖에 없었답니다.

농민군 지도자들의 죽음

체포된 전봉준

전봉준은 부하 몇 명만 데리고 순창 피노리로 가서 몸을 숨겼어요.

 하지만 부상당한 전봉준은 옛 부하의 밀고로 관군에게 붙잡히고 말았어요.

 이미 알고 있는 결말인데도 너무 슬퍼요. 더구나 부하의 배신이라니…….

 김개남 역시 믿었던 친구의 배신으로 붙잡혔어요. 손화중과 최경선도 곧 관군에게 잡히고 말았지요.

 거의 모든 지도자들이 잡힌 거네요. 그 뒤엔 어떻게 되었나요?

 김개남은 전주 감옥에 갇혀 있다 재판도 받지 못하고 바로 죽임을 당했어요.

 김개남이 특히 강경하고 용맹한 사람이라서 서둘러 처형한 게 아닐까요?

 어쩌면 그런 이유도 있을 거예요. 전봉준, 손화중, 최경선은 서울로 끌려갔어요. 전봉준은 일본군 대대장에게 신문을 받았지만, 백성들을 구하려 한 것은 죄가 아니라며 당당함을 잃지 않았어요.

 역시 대장답네요.

 전봉준, 손화중, 최경선, 김덕명, 성두한 다섯 명의 동학 농민군 지도자들은 교수형을 선고받았어요. 그리고 1895년 4월 24일 새벽, 함께 세상을 떠났지요.

이렇게 동학 농민 운동은 막을 내렸어요. 어떤 사람들은 동학 농민 운동이 실패했다고 해요. 여러분의 생각은 어떤가요?

동학 농민 운동은 실패한 걸까?

2016년 촛불 집회

 전투에서 패하고 지도자들도 다 붙잡혀 죽었으니까 성공했다고 말하기는 어렵지 않을까요?

 맞아요. 농민군이 그토록 바라던 세상도 실현되지 않았잖아요.

 그래도 지금 우리는 농민군이 바라던 대로 신분의 차별이 없는 평등한 세상에서 살고 있잖아요. 동학 농민 운동이 없었다면 이런 세상이 오지 않았을지도 몰라요.

 저도 동의해요. 무엇보다 중요한 건 동학 농민 운동의 정신이 우리에게 이어져 왔다는 게 아닐까요?

 그렇지요. 동학 농민 운동은 끝이 났지만, 그 정신이 사라진 것은 아니에요. 백성들이 중심이 되어 부패한 양반 계층에 맞섰던 동학 농민 운동은 우리나라 민주주의 운동의 뿌리가 되었거든요.

 맞아요. 전에 공부했던 4·19 혁명이나 몇 년 전에 있었던 촛불 집회가 바로 그런 정신이 이어진 게 아니겠어요?

 또, 일제의 침략에 앞장서서 나라를 구하려고 한 농민군의 정신은 항일 의병과 독립운동으로 이어져 오늘날의 대한민국을 만들었다고 할 수 있어요.

역사 인물 탐구하기

수백 명의 목숨을 구한 윤성도

　장흥 석대들 전투에서 패한 농민군은 일본군에 쫓겨 자꾸만 남쪽으로 밀려났어요. 이때 많은 농민군이 목숨을 잃었지요. 그런데 다행히 덕도 출신 농민군을 따라 섬에 몸을 숨긴 사람들이 있었어요. 바닷물이 빠지는 썰물 때 갯벌을 건너 도망친 500여 명의 농민군이었지요.

　덕도는 전라남도 장흥군에 있는 작은 섬이었지만, 마침 숨기 좋은 소나무 숲이 있었어요. 또 안개가 짙은 날이 이어져 농민군은 며칠이나마 일본군의 눈을 피해 한숨을 돌렸지요.

하지만 관군과 일본군의 손길은 결국 덕도까지 뻗쳤어요. 갯벌 너머에는 이두황이 이끄는 관군이, 바다에는 커다란 일본군 군함이 농민군을 위협해 왔지요.

소년 뱃사공 윤성도는 농민군이 일본군에게 끌려가도록 내버려 둘 수가 없었어요. 그래서 덕도 사람들과 힘을 합쳐 농민군을 다른 섬으로 실어 나르기로 결심했지요. 며칠 동안 밤마다 목숨을 건 시도가 이어졌어요. 위험천만한 일이었지만 마을 사람 중 누구도 포기하지 않았지요. 마침내 500명에 달하는 농민군 모두 약산도, 생일도 같은 주변의 섬에 안전하게 도착했어요.

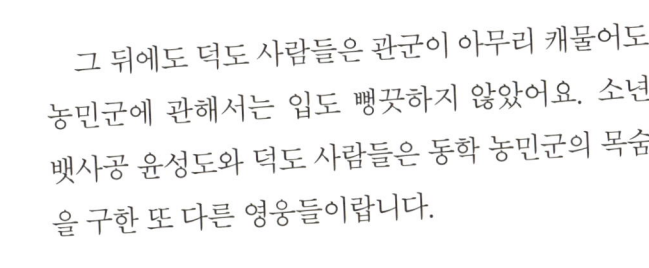

그 뒤에도 덕도 사람들은 관군이 아무리 캐물어도 농민군에 관해서는 입도 뻥긋하지 않았어요. 소년 뱃사공 윤성도와 덕도 사람들은 동학 농민군의 목숨을 구한 또 다른 영웅들이랍니다.

남달리의 역사 수첩

동학 농민 운동의 발자취를 찾아서

1.  동학 농민 혁명 모의탑
2. 동학 농민 혁명 모의 장소 
3. 무명 동학 농민군 위령탑
4. 만석보 유지비
5. 동학 농민 혁명 기념탑
6. 고부 관아 터  
7. 전주성 풍남문
8. 무장읍성

전라북도

1. 고부에 세워진 동학 농민 혁명 모의탑
   : 전라북도 정읍시 고부면 신중리 (마을 입구)
2. 고부 봉기를 준비하며 사발통문을 작성한 곳
   : 전라북도 정읍시 고부면 고부주산길 4
3. 이름 없이 죽어 간 농민군의 넋을 기리기 위해 세운 탑
   : 전라북도 정읍시 고부면 덕신강길 256-3 (대뫼녹두회관)
4. 탐관오리 조병갑의 횡포의 상징인 만석보가 있던 자리
   : 전라북도 정읍시 이평면 하송리
5. 동학농민혁명국가기념공원 안에 있는 동학 농민 혁명 기념탑
   : 전라북도 정읍시 덕천면 동학로 742
6. 고부 관아가 있던 곳 : 전라북도 정읍시 고부면 교동3길 14
7. 동학 농민군이 점령했던 전주성 남문
   : 전라북도 전주시 완산구 풍남동 풍남문3길 1
8. 무장으로 진격한 농민군이 점령한 곳
   : 전라북도 고창군 무장면 성내리 149-1
9. 전라남도 장흥에서 동학 농민군이 일본군에 끝까지 항쟁한 곳
   : 장흥군 장흥읍 남외리 읍성로 2
10. 우금치 전투가 일어난 곳
    : 충청남도 공주시 우금티로 431-45 (우금치 전적 알림터)
11. 우금치 전투 때 공주로 진격하던 농민군이 목숨을 잃고
    묻힌 곳 : 충청남도 공주시 웅진동 247
12. 전봉준 장군 동상이 설립된 곳 : 서울특별시 종로구
    종각역 5번 출구와 6번 출구 사이 (영풍문고 앞)
13. 최제우가 태어나고 동학을 전파한 곳
    : 경상북도 경주시 현곡면 가정리 산 63-1

동학 농민 운동은 그 어떤 역사의 현장보다 뜨겁고 치열했어요.
조선의 백성들은 차별 없는 세상을 만들기 위해 목숨까지 기꺼이 바쳤지요.
오늘 우리는 동학 농민군이 꿈꾸었던 평등한 나라에 살고 있지만,
우리가 사는 사회를 잘 둘러보면 여전히 여러 가지 차별이 존재한답니다.
이제 우리가 차별 없는 세상을 만들기 위해 힘쓸 차례예요.

찾아보기

ㄱ

갑신정변 13, 52, 106
강화도 조약 12
개화파 13, 52, 91, 103
고부 봉기 27, 31, 141
고종 13, 52, 94, 98, 101~103, 105
군국기무처 91, 102
김개남 37, 55, 84~85, 136
김구 114~117
김홍집 91, 102

ㄷ

《동경대전》 62

ㅁ

만석보 16, 19, 25~26, 30, 140~141

ㅂ

백산 대회 37
별기군 13

ㅅ

사발통문 27, 141
서학 32~33
손병희 93
손화중 37, 135~136
시모노세키 조약 108

ㅇ

안중근 114~115, 117
왕비 민씨 13, 52
《용담유사》 62~63

우금치 전투 110, 122, 141
운요호 12
이방언 56~57, 135
이소사 110~111
임오군란 13

ㅈ

전봉준 19, 21, 27~31, 35~37, 39, 44, 48, 51, 55~56, 66, 80, 83, 85, 92~93, 110, 121, 134~136, 141
전주 화약 39, 54~55, 90
정한론 112~113
조병갑 16~19, 21, 23~24, 26~28, 30~31, 141
집강소 65~68, 70~73, 80~81, 85~87, 89, 129

ㅊ

청일 전쟁 92, 105, 108~109, 112
최시형 60~62, 93, 114
최제우 33, 60~63, 141

ㅌ

톈진 조약 52

ㅍ

폐정 개혁안 54~55, 82

ㅎ

황룡촌 전투 38, 50, 83
황토재 전투 37, 50, 56, 134
흥선 대원군 13, 91, 101

 ## 사진 출처

국립중앙박물관 81(노비 매매 문서)

독립기념관 27(사발통문), 136(체포된 전봉준)

동학농민혁명기념관 50(장태), 62(《동경대전》《용담유사》)

문화재청 국가문화유산포털 29(무장읍성), 135(장흥 석대들), 140(무장읍성), 141(장흥 석대들)

연합포토 137(2016년 촛불 집회)

위키미디어 106(청나라 북양 함대), 108(시모노세키 조약 문서: World Imaging), 113(요시다 쇼인 초상화)

인천광역시 홈페이지 53(인천에 상륙한 일본군)

전주역사박물관 80(전라 감영 선화당)

* 이 책에 사용한 사진은 저작권자의 허가를 받고 게재한 것입니다.
저자가 저작권을 가지고 있는 사진은 출처 표시를 하지 않았습니다.